世界因他们而改变

富兰克林自传

[美] 本杰明·富兰克林 ◎ 著

周 杰 宁 璐 ◎ 译

中国科学技术出版社

·北 京·

图书在版编目（CIP）数据

富兰克林自传 /（美）本杰明·富兰克林著；周杰，宁璐译 . -- 北京：中国科学技术出版社，2024.1

（世界因他们而改变）

书名原文：The Autobiography of Benjamin Franklin

ISBN 978-7-5236-0324-6

Ⅰ. ①富… Ⅱ. ①本… ②周… ③宁… Ⅲ. ①富兰克林（Franklin, Benjamin 1706—1790）- 自传 Ⅳ. ① B712.31

中国国家版本馆 CIP 数据核字（2023）第 218890 号

总 策 划	秦德继
策划编辑	周少敏　郭秋霞　崔家岭
责任编辑	郭秋霞　李惠兴
装帧设计	中文天地
封面设计	锋尚设计
责任校对	邓雪梅
责任印制	马宇晨

出　　版	中国科学技术出版社
发　　行	中国科学技术出版社有限公司发行部
地　　址	北京市海淀区中关村南大街16号
邮　　编	100081
发行电话	010-62173865
传　　真	010-62173081
网　　址	http://www.cspbooks.com.cn

开　　本	787mm×1092mm　1/32
字　　数	133千字
印　　张	9.75
版　　次	2024年1月第1版
印　　次	2024年1月第1次印刷
印　　刷	北京长宁印刷有限公司
书　　号	ISBN 978-7-5236-0324-6 / B·153
定　　价	68.00元

（凡购买本社图书，如有缺页、倒页、脱页者，本社发行部负责调换）

前　言

本杰明·富兰克林（Benjamin Franklin）于旧历1706年1月6日[①]出生于英属北美殖民地马萨诸塞湾殖民地的波士顿（Boston）米尔克街（Milk Street）。其父约西亚·富兰克林（Josiah Franklin）是名蜡烛和肥皂制造商，结过两次婚，育有17个孩子，富兰克林是最小的儿子。富兰克林10岁时辍学，12岁时开始跟着从事印刷业的哥哥詹姆斯（James）当学徒，《新英格兰报》便是由詹姆斯出版的。富兰克林在做学徒之余曾给《新英格兰报》撰

[①] 旧历是指"儒略历"。在1701—1799年，儒略历日期增加11日即等于现行公历的日期。因此，旧历1706年1月6日即为公历的1706年1月17日，这天为本杰明·富兰克林的诞辰。——译者注

稿，有段时间还是该报名义上的编辑。后来，因为兄弟俩起了争执，富兰克林就离开了印刷所，先去了纽约，然后于1723年10月来到费城，并很快找到了一份印刷工的工作。几个月后，在总督基思（Keith）爵士的力荐下，他前往英国伦敦准备一展抱负，却发现基思爵士并未履行承诺。于是他只好留在伦敦，做了一名排字工人。之后有一位名叫丹曼（Denman）的商人把他带回了费城，还给了他一份工作。丹曼去世后，富兰克林重回印刷业，很快就开了一家自己的印刷所并出版了《宾夕法尼亚报》。他为这份报纸撰写了很多文章，使该报成了推动地方改革的媒体。1732年，富兰克林开始出版著名的《穷人理查德年鉴》系列书籍。在书中，他或借鉴古训，或自创新言，记录了一系列精辟的智慧箴言，这为他日后在世间广受欢迎奠定了基石。1758年，富兰克林不再继续撰写年鉴，而是印刷出版了《亚伯拉罕神父的布道》，如今，这本书仍被视为美国殖民时期最著名的文学作品。

与此同时，富兰克林越来越关注公共事务。他计划创建学院，这项计划后来被采纳，学院得以成立，最终发展成为如今的宾夕法尼亚大学。他创立了美国哲学学会，目的是让科学工作者们能够互相交流并分享自己的发现。此外，富兰克林在科学研究方面也有杰出贡献。他在经商和从政之余，倾其一生进行了多项电学实验及其他科学研究。在积累了不菲的财富之后，1748年，他转让了自己的印刷所，这样就有更多的时间来学习。几年间，他有了很多研究发现，这让他在整个欧洲学术界享有盛誉。在政治上，他既善于管理又长于辩论；但他的公职生涯却因其利用职务之便为亲属谋取利益而蒙羞。在美国国内政治中，富兰克林最引人瞩目的功绩是对邮政系统的改革；而他能蜚声政界则主要是源于他在处理殖民地与英国以及后来与法国的关系中所做的贡献。1757年，他被派往英格兰，抗议佩恩家族（Penns）[①]对殖民地政府的影响。他在英国待了5年，一直致力于让英国人民和英国政府了解殖民

[①] 佩恩家族是指宾夕法尼亚殖民地的开拓者威廉·佩恩（William Penn）的后裔，他们当时仍然拥有殖民地的所有权。——译者注

地的情况。回到美国后,他在帕克斯顿(Paxton)事件①中发挥了可敬的作用,但却因此失去了议会的席位。1764年,他作为殖民地的代理人被再次派往英国,这一次的任务是请求英国国王从殖民地掌权者手中收回政府的管理权。在伦敦期间,他积极反对拟议中的《印花税法案》,却因帮一位朋友成为美国印花税代理商而使自己的名誉受损,也因此失去了大部分的民众支持。虽然富兰克林有效地促成了《印花税法案》的废除,但他还是不被民众所信任;即便如此,他仍然坚持不懈地为殖民地发声和争取权益,而此时,殖民地的问题层出不穷,革命危机一触即发。1767年,他前往法国,在那里受到了隆重的礼遇。但在1775年回国之前,由于参与了向马萨诸塞湾殖民地泄露哈钦森(Hutchinson)和奥利弗(Oliver)那封著名的信件,②他失去了邮

---

① 帕克斯顿事件,也被称为帕克斯顿男孩起义,发生在1763—1764年的宾夕法尼亚。该地区边境的一群定居者屠杀无辜的康尼斯托加土著,引发了政治和社会动荡。富兰克林通过谈判减缓了当时的暴力冲突。——译者注

② 哈钦森全名为托马斯·哈钦森,时任审判长,奥利弗全名为安德鲁·奥利弗,时任区秘书。这封信件是他俩写给英国前任财政部长的。——译者注

政局长的职位。返回费城后,富兰克林被选为大陆会议成员,并于1777年被派往法国担任美国事务专员。他在法国一直待到1785年,在此期间他深受法国民众的喜爱。由于富兰克林为国家做出了杰出贡献,当他回国时,被誉为仅次于乔治·华盛顿(George Washington)的美国独立运动领袖。1790年4月17日,富兰克林与世长辞。

1771年,富兰克林在英国的时候开始撰写自传的前五章,此后又于1784年、1785年以及1788年断断续续地撰写其他部分,内容一直记录到1757年的事情。历经一系列非同寻常的波折之后,自传的原始手稿最终由约翰·比奇洛(John Bigelow)先生印刷出版。《本杰明·富兰克林自传》在刻画美国殖民时期最杰出的人物方面拥有重要的价值,也是公认的世界上伟大的自传之一。

目 录

前　言 / i

第 1 章　富兰克林家族及学徒生活 / 001

第 2 章　离家出走，初入费城印刷业 / 035

第 3 章　上当受骗，伦敦印刷所谋生 / 067

第 4 章　重返费城，开印刷所办报纸 / 088

第 5 章　办图书馆，锤炼美德 / 124

第 6 章　热心公益，初入仕途 / 154

第7章 政途平顺,初次领兵 / 195

第8章 电学成就斐然 / 253

附录一 朋友力邀其续写自传的信 / 282

附录二 富兰克林年表 / 294

附录三 译者后记 / 299

第1章

富兰克林家族及学徒生活

我一向喜欢收集我们祖先的趣闻轶事。我和儿子在英国的时候,就专程出行向族中老人问询往事。我想,或许儿子也同样乐于知晓我这一生的故事,尤其是那些儿子还从未听说过的部分。此时此刻,我在乡间度假,拥有近一个礼拜不受打扰的闲暇时光。于是,我决定将这些往事书写成文,分享于我的儿子。我出身贫寒,曾默默无闻,而今却生活优渥,颇有声誉,这一路走来是有些许幸运的。总之,

---

* 本杰明·富兰克林(1706—1790)的自传分为四个部分,分别于1771年、1784年、1788年和1790年撰写。——译者注

** 本书第一章至第五章是作者于1771年写于特怀福德,圣阿萨夫主教家。——译者注

蒙上帝庇佑和自己的努力，我这一生也算是无往不利了。也许我的子孙后代们愿意听一听我的这些经历，若将来面临同样的境地，或许我曾经的做法能让他们效仿一二。

回顾一生中那些幸运的时刻，有时候我会想，如果可以重来一次，我依然会选择相同的人生道路。唯一的期望便是能像作家在修订再版作品时一样，纠正过往的差错并改写那些不幸的际遇，让生活更加顺遂一些。然而，即便不能改变分毫，我也依然乐意重演一遍我这一生。不过，重演人生是不大可能了，最接近于重演的，则莫过于回忆往事。此刻我执笔写下这些，正是为了让这些回忆得以长存并延续。

老年人往往喜欢絮絮叨叨地讲述自己的过往，我也不例外。然而，我深知有些人出于对长者的尊敬，即便听得烦闷，也会硬着头皮聆听。我可不愿惹人厌烦，因此选择以笔墨倾诉。如此一来，读或不读就可自便了。最后，我得承认，撰写自传确实可以极大地满足我的虚荣心（即使我不承认，恐怕也没人会相信的)。事实上,我时常听到或看到的开场白都是"我可以毫不夸张地说",但紧接着便是一番自我夸耀的话语。对大多数人而言,虽然他们乐于吹嘘自己,却不喜欢看到他人表现出的虚荣心。我倒觉得适度的虚荣心对自己和他人都有益处;要是有人因自己的虚荣心而感到生活怡然自洽,并为此而感谢上帝的话,那也算是无可厚非的了。

在此,我必须怀着虔诚的心感谢上帝,感谢上帝在我过往的生命中赐予的无尽幸福,感谢上帝引领我找到了立身处世之道,并取得成功。基于此,哪怕我不能妄自揣测上帝仍会像过去一样眷顾我,使我继续享受幸福,我也仍然相信,如若我像他人一样要经受命运的洗礼,上帝也必定会陪伴在我身旁。未来究竟如何,只有上帝才知道。然而,无论是幸运还是苦难,于我而言皆是上帝的恩赐。

我有一位伯父,也热衷于搜集家族中的奇闻轶事,他曾赠予我一些他自己编写的札记。札记中详细记录了我们祖上的历史。看了这些记录我才知道,原来我们家族在英格兰北安普敦郡(Northamptonshire)的埃克顿（Ecton）已经居住了300年之久，而家族的确切起源却无从得知（或许是从他们采用"富兰克林"作为姓氏的时期开始的。当时，为家族设立姓氏一事风靡全国，而在此之前，"富兰克林"还只是一个社会阶层的名称）。那时候，我们家族拥有30英亩（1英亩约等于4047平方米）的自由领地，并从事铁匠行业。这一行当一直延续到我父辈那一代，并且沿袭着长子继承家业的规定。我父亲和伯父都恪守这一规定，让家中最年长的孩子做了铁匠。我曾翻阅过埃克顿的户籍册，里面记载着当地人的出生、嫁娶和丧葬，最早可以追溯至1555年，再往前则无迹可寻了。看了这户籍册我才发现，在我家族的五代直系祖先中，每一代祖先都是当时家族中的幼子，而我则是最后的一个。我的祖父托马斯（Thomas）生于1598年，他这一生的大半时光都在埃克顿度过，直到退休以后才搬到了他其中一个儿子所住的牛津郡（Oxfordshire）的班伯里镇，他的这个儿子就是我的约翰伯父。约翰伯父是那儿的一名染匠，我父亲跟在他身边做学徒。后来，祖父在班伯里去世并安葬于此。1758年，我们曾到他的墓地前祭拜。祖父的大儿子托马斯一直住在埃克顿的老宅里。去世之前，托马斯把宅子和土地当作遗产留给了他的独生女儿，也就是我的堂姐。堂姐的丈夫是一个威灵堡（Wellingborough）人，名叫费舍尔（Fisher）。他们后来把宅子卖给了伊斯特德（Isted）先生，如今，伊斯特德先生成了那儿的庄园主。祖父共育有4个儿子：托马斯、约翰、本杰明和约西亚。因为我此刻在乡下，资料没在身边，所以现在只能把我记得的这些告诉你。若是我不在家期间，这些资料还留存着的话，你就能从中找到更详细的记载了。

托马斯伯父早年曾跟随祖父学习打铁，本该继承祖业成为一名铁匠。但是，由于他天资聪颖，学习上又得到了当地大绅士帕尔默（Palmer）先生的帮助（我的兄弟们也都曾受益于此），托马斯伯父后来成为当地颇有声望的书记员。此外，他还推动了北安普敦郡和他所在村庄的公益事业发展。托马斯伯父做过许多这类事情，也因此受到了当时的哈利法克斯（Halifax）勋爵的关注和嘉奖。托马斯伯父于旧历1702年1月6日离世，4年之后的同一天，我出生了。我记得埃克顿的几位长者当时向我们讲述托马斯伯父的生平和性格时，你非常惊讶，因为我的许多方面都与他极为相似。

我儿子当时还说："要是他过世的那天爸爸你正好出生的话，可能好多人会觉得是灵魂转世呢。"

我的二伯父约翰是个染匠，我一直觉得他是染毛呢的。而三伯父本杰明则是丝绸染匠，在伦敦学的手艺，他非常聪明，也很有创意。我对他印象很深，在我年幼时他曾来波士顿找我父亲，还和我们一起住了几年。本杰明伯父十分长寿，他的孙子塞缪尔·富兰克林（Samuel Franklin）至今也还住在波士顿。本杰明伯父去世的时候给塞缪尔留下了两卷四开本的手稿，都是他写给亲朋好友的即兴诗作，还有他送给我的一首样章。他教过我一种他自创的速记方法，可惜我没有实际用过，如今已然忘记了。我父亲和本杰明伯父有着很深的兄弟情谊，父亲便以他的名字来为我取名。本杰明伯父是一个虔诚的教徒，常去聆听一些最好的传教士布道，并用他自创的速记法记录下布道的内容，他随身带着许多这样的布道笔记。本杰明伯父对政治也非常感兴趣，但以他的身份而言，可能关心得有点儿过头了。我近日在伦敦偶然得到了他收集整理的一系列小册子，里面内容涵盖了1641年至1717年间所有与公共事务相关的事件。从上面的编号来看，已经有不少册子遗失了，但好在仍有8册对开本以及共计24册的四开本和八开本。我曾在一位旧书贩子那儿买过书，这些册子就是他无意间发现后带来给我的。我估计这些册子是本杰明伯父去美洲前留在这里的，说起来也差不多有五十几年了，页边空白处还留有很多他的笔记。

我们家族虽然地位不高，但却很早就参与了宗教改革，即使是在玛丽女王统治期间（1553—1558年）也始终信仰新教，祖先们还多次因反对天主教而险些遭受迫害[①]。他们当时有一本英文版《圣经》，

---

① 新教是天主教内部宗教改革的产物，以《圣经》为信仰之唯一权威，因而否定天主教教皇制。——译者注

为了藏好这本《圣经》，祖先们会把书翻开来，用细细的带子固定在连凳①座板底部。高祖要为大家诵读经文时，就把凳子倒过来放在膝上，每读完一页就又压紧在带子下面。读经时，总有一个孩子站在门口望风，要是看到教会法庭的执行官走近，他就赶紧来报告。这时候高祖就把凳子重新翻过来四脚着地，《圣经》又像之前那样被藏了起来。这些还是本杰明伯父告诉我的。大约至查理二世统治末年，全家还是一如既往地信奉英格兰国教②。当时有一些牧师因不信奉国教而被驱逐，他们在北安普敦郡举行秘密宗教集会，本杰明伯父和我父亲约西亚就是在那时跟随了这些牧师，改信了非国教，余生也再未转变信仰。但是家族里的其他人仍然信奉国教。

我的父亲约西亚早早地就成家了，大约在1682年，他带着妻子和3个孩子迁到了新英格兰。之所以搬家是因为旧居那里的法律禁止非国教教徒集会，

---

① 在17世纪的英国家庭里，连凳是日常的基本座椅，指一种小型长方形的凳子，由榫卯连接四条凳腿和座板。——译者注
② 英格兰国教（或称为圣公会），是较为传统、官方的新教形式。——译者注

且他们的宗教活动经常受到干扰。因此，为了寻求宗教自由，父亲一些颇有名望的朋友搬到了新英格兰，在他们的劝说下，父亲也一起搬了过去。父亲和他的这位原配夫人在新英格兰又生了 4 个孩子，后来的第二任妻子生了 10 个，这样一来，父亲总共就有 17 个孩子。我记得有次共有 13 个孩子围坐一桌吃饭，这些孩子后来都长大成人，各自成了家。我出生在波士顿，是家中最小的儿子，此外我还有两个妹妹。我的母亲是父亲的继室，名叫阿拜娅·福尔杰（Abiah Folger）。我的外祖父彼得·福尔杰（Peter Folger）是新英格兰最早的那批移民。科顿·马瑟（Cotton Mather）还曾经在他的新英格兰教会史（书名为《基督在北美的辉煌》）中满怀敬意地提到过他。如果我没记错的话，当时对他的评价是"一个虔诚且博学的英国人"。我听说他曾写过各种即兴短诗，但是只有一首诗付印，我在多年前还看到过。那首诗创作于 1675 年，是写给当地政府部门的，采用了那个时期简单、淳朴的诗歌风格。诗歌倡导信仰自由，声援受到迫害的浸礼会、贵格会和其他教派,并认为殖民地所遭受的印第安人战争和其他灾祸都是迫害教徒的后果,是上帝对这种重大罪行的判决和惩罚,因此他在诗中还奉劝当局废止那些无情的法律条文。在我看来,整首诗写得真挚朴实,又充满阳刚之气。那首诗的最初两行我已经忘了,只记得最后六行,大意是说他的批判是出于善意的,所以他并不隐匿自己的真实姓名:

> 因为我从心底厌恶
> 成为一个诽谤者;
> 我就居住在舍本镇,
> 在此留下我的名字;
> 我就是彼得·福尔杰,
> 无意冒犯,我是你真正的朋友。

我的哥哥们都当了学徒,从事不同的行当,而我在八岁时就被送到文法学校读书了,因为父亲打算把我这第十个儿子当作什一税奉送给教会,希望我能为教会效劳。在读书这件事上,我倒是挺早就开窍了（我想应该算是早的了，毕竟我都不记得自己曾有过不识字的时候）。父亲的朋友们都说如果我好好读书，将来一定会是一个杰出的学者。为此，父亲送我去上学的想法就更加坚定了。本杰明伯父也赞同他们的看法，还说如果我愿意学他的那套速记法，他就把自己记录布道的所有速记本送给我，我想他大概是希望以此来作为我开始学习的基础。不过，虽然在那一年里我逐步从该班的中等生上升为优等生，还为了能在年末的时候随班升入三年级而直接跳级到了二年级，但我在文法学校只上了不到一年的学。那时候，我父亲得要养活一大家子人，难以承担我大学教育的费用。我还听到他对朋友们说，许多上过大学的人后来也过得穷困潦倒。出于这些考虑，父亲一改初衷，把我从文法学校转到了一所专门教书写和算术的学校。当时著名的乔治·布朗纳（George Brownell）先生担任该校校长，他采取的都是春风化雨般的鼓励式教育方法。总的来说，布朗纳先生的教育事业是非常成功的。在他的悉心教导之下，我很快就能写一手漂亮的好字，但在算术方面却不尽如人意。10岁的时候，我被领回家，帮父亲经营蜡烛和肥皂生意。这烛皂生意原不是他的本行，父亲本是一名染匠，是因为到了新英格兰后发现这里的印染业生意清淡，无法养家糊口，所以才改了行。于是，我就跟着做些剪剪烛芯、灌灌烛模、看看店面、跑跑腿等差事。

我根本不喜欢这个行当，一心只想到海上闯荡，但这个想法却遭到了父亲的极力反对。不过，由于在海边居住，我常常会到海中玩水，还很早就学会了游泳和划船。无论是大船还是小舟，和其他小孩一起出海的时候，我常常是发号施令的那一个，尤其是在遇到麻烦的时候。这样一来，在一些别的场合我往往也当起了孩子王，不过有时我也难免犯错，使大家陷入窘境。说到这，我想举其中的一个例子来谈谈，因为这件事体现了我老早就热心公益，虽然这件事在当时处得并不太妥当。

在磨坊池的边缘处有一片盐碱滩，涨潮的时候，我们常站在那儿捉些小鱼。由于踩得多了，那个地方便成了一片泥沼，于是我提议在那里修筑一个码头，方便我们站立。我还领着小伙伴们看了一大堆石头，那些石头原是为了在盐碱滩建新屋准备的，但正好符合我们的需要。于是到了晚上，等工人们都走了之后，我便招来几个小兄弟，开始了勤勤恳恳地"蚂蚁搬家"，有时还需要两三个人才搬得动一块石头。终于，石头被我们全部搬完了，我们的小码头也总算建好了。第二天早晨，工人们发现石头不翼而飞，大为诧异，后来才发现石头被筑成了我们的码头。随后，他们开始追查是谁搬走了这些石头。我们自然就都被揪出来了，还被告到家长那里。我们中有几个还因此受到了各自父亲的严惩。虽然那时候我极力辩驳说这是在做好事，但父亲的劝诫却使我深信：不诚实的事不会是好事。

至此，我想你可能对我父亲的相貌和性格有些好奇，那我就说说吧。我的父亲身材中等，但是体格健壮，十分结实。他非常聪明，擅长画画，略懂一些音乐，有着清脆悦耳的歌喉。所以，有时候忙了一天之后，他会一边拉着小提琴，一边唱着赞美歌，听起来让人心情舒畅。除此之外，他还在机械方面有天赋,有时候碰到其他行业的工具,他也能运用自如。然而,我父亲最大的长处是在处理问题时所表现的深刻见解和正确判断,无论是分析公共事务还是调节私人纷争。诚然,他从未担任过公职,毕竟家里一堆孩子需要教育,而且家境并不宽裕,所以他全身心都放在了生意上。但是我清楚地记得常有些重要人物来请教他关于镇上或他所属教会的问题,对他的看法和建议抱有极大的敬意。不仅如此,很多时候,人们在生活中遇到麻烦时,都喜欢跑来找他出主意;当有人起了什么争执,他还常常被请来当中间人评理。

而我父亲只要一有机会,就会邀请一些通达事理的朋友或邻居来家里聚餐叙谈,还会刻意找一些巧妙或者实用的话题来讨论,希望这样能启迪我们这些孩子的心智。通过上述方式,他引导我们去关注为人处世中的那些善良、正直和审慎的行为,甚少在意餐桌上的食物如何,味道怎样,是否新鲜,不会在食物上挑拣。长大后我仍然不在意这类事情,对眼前的菜肴并不在意,甚至是漠不关心,要是有人问我几小时前吃了什么，我总是不知所对。旅行时，我的旅伴们会因为缺乏可口的食物而感到郁闷，因为他们精致挑剔的口味和食欲得不到满足，而这时，对食物的漠然倒是为我省了这种麻烦。

我母亲的体质也很好，她可是亲自哺喂了自己的十个孩子。除了导致我父母死亡的疾病外，我从未听说他们患过什么病。我父亲享年89岁，我母亲去世时也有85岁高龄，二老合葬于波士顿。几年前我为他们立了一块大理石墓碑，上面铭刻着如下碑文：

> 约西亚·富兰克林
>
> 暨夫人阿拜娅
>
> 合葬于此。
>
> 他们情深义重，
>
> 共度春秋五十五载。
>
> 家无余财，职非厚赏，
>
> 唯凭勤勉与辛勤劳作；
>
> 又得上帝眷顾，

家中虽众，生活无忧。

养育子女十三人，

又有七孙，

家声显赫。

吾辈读此，皆当勉之，

毋忘初心，信赖天命。

先考虔诚谨慎；

先妣贤良淑德。

幼子

谨立此碑，

以寄哀思。

先考约西亚·富兰克林，生于1655年，卒于1744年，享年89。

先妣阿拜亚·富兰克林，生于1667年，卒于1752年，享年85。

唠唠叨叨地讲了这许多离题的话，才发现自己大概是真的老了，以前写文章可比现在条理清楚多了。但正如人们不会穿着舞会的华服去参加私人聚会一般，可能因为这是写给我儿子的，我才有些疏忽罢了。

言归正传，我在父亲的店里继续干了两年，一直干到12岁。我哥哥约翰原本是跟着父亲学习烛皂制作的，可那时他已经离开父亲到罗得岛（Rhode Island）成家立业了。显然，我是注定要接替我哥哥当一个蜡烛制造匠了。但那时候我仍然不喜欢这一行，我父亲担心，如果不为我找一份合我心意的行当，我就会像他的另一个儿子约西亚那样离家出走，跑去海上闯荡，那使他苦恼不已。所以有时他会带我出去转转，让我看看木匠、瓦匠、车工、铜匠们如何干活，希望从中找到我喜欢的行当，总之他就是一门心思地想让我好好在陆地上干一行。就是从那时起，观察那些手艺精湛的工人灵巧自如地运用工具就成了我的一项兴趣。这样的观察对我大有益处，使我学到了很多东西。比如，家里有东西需要修理但却一时找不到工人的时候，我也能来处理；再比如，当我突然很想做某个实验的时候，那些实验用的小装置我自己就能造出来。最终，父亲决定让我去从事刀匠这一行。本杰明伯父的儿子塞缪尔在伦敦学的就是这门手艺，那时候正好在波士顿开业，于是父亲就把我送到那里跟他学艺，试试看我能否做得了这一行。但是塞缪尔却想要为此收取学费，父亲一怒之下就把我带回了家。

我自幼喜好读书，所有的零花钱都用来买了书。由于喜欢约翰·班扬（John Bunyan）写的《天路历程》，所以我的第一批藏书就是他的作品，是一些分卷的小册子。后来我把这些册子卖了，用得来的钱买了柏顿（Burton）的《历史文集》。这些由小贩们兜售的书籍都是小开本的，很实惠，总共有四五十册。我父亲的小书房里主要是一些有关神学论辩的书籍，我大多都翻看过。当时我已决定不走牧师这条路了，可求知欲依然非常旺盛，但却没有机会阅读更多、更合适的书籍，我至今仍为此感到惋惜。小书房里有一本普鲁塔克（Plutarch）的《希腊罗马名人传》，我反复阅读过多次，至今也仍然觉得花在这本书上的时间是非常值得的。书架上还有笛福（De Foe）的《论计划》和马瑟（Mather）博士的

《论行善》。也许正是这几本书使我的思想有所转变，从而影响了我未来生活中的一些重大事件。

我对书籍的这种热爱最终使父亲决定让我去做印刷工，哪怕他已经有一个儿子（詹姆斯）在做这一行了。哥哥詹姆斯1717年从英国带回了一台印刷机和一套铅字，在波士顿开了一家印刷所。相较于父亲的烛皂制造，我对印刷要喜欢得多，但也还是向往着去海上闯荡。为了打消我的这个念头，我父亲迫不及待地催着我去我哥哥那里当学徒。起初我还反抗了一段时间，但最后还是妥协了，仅12岁便和我哥哥签订了学徒契约。按照契约，21岁之前我都得在那儿当学徒，只有在最后一年才能拿到熟练工水平的薪水。没用多久，我就对这门手艺非常熟练了，成了我哥哥的得力助手。这时我终于有机会读那些好书了。不仅如此，跟书商学徒们的交情有时也能让我从他们那儿借些小册子来看。我对这些书十分爱惜，很注意保持书的整洁，并且一读完就迅速归还。有时我在晚上才借到书，为了避免被人发现少了一本书或是有人要买这本书，我就常常在房间里熬夜看书，以便第二天一早就能归还。

过了一段时间，一位精明的商人马太·亚当斯（Matthew Adams）先生由于经常光顾我们的印刷所注意到了我。他藏书颇多，便邀请我去他的藏书室，还非常体贴地把我想读的那些书借给我。那时我深深地迷上了诗歌，自己也写了几首小诗。我哥哥觉得写诗能赚钱，于是便鼓励我写一些应景的民谣。我写了两首，一首叫作《灯塔悲剧》，讲述了沃斯莱克（Worthilake）船长和他的两个女儿溺水身亡的故事。另一首是水手歌谣，讲的是捉拿海盗蒂奇（Teach，绰号"黑胡子"）的故事。这两首诗的质量都不行，属于葛拉布街（Grub-street）诗[①]。印刷出来后，我哥哥让我拿到镇上各处去卖。第一首诗卖得很好，因为讲的是新近发生的轰动一时的事件。这就极大地满足了我的虚荣心，但是我父亲却嘲笑我的作品，给我泼冷水，他说诗人大多都是穷光蛋。就这样，我没能成为一个诗人，否则我一定是那种

---

① 葛拉布街是伦敦一条旧街，潦倒文人的聚居地，因此文中将拙劣的诗歌叫作"葛拉布街诗"。——译者注

文笔十分糟糕的诗人。虽然写诗这事儿并不适合我，但写散文却让我一生获益，而且是助我成功的主要手段。接下来我想跟你聊聊，在那种境况下，我是怎样习得这么一点点写作能力的。

镇上还有一个爱读书的孩子，名叫约翰·柯林斯（John Collins），我和他关系很亲近。我们有时也会争论，应该说我们非常喜欢辩论，总想驳倒对方。顺便说一句，这种好争辩的癖好很容易发展为一种坏习惯，会变得为了争辩而争辩，常常让人感到极不舒服。因此，这种争辩不但会破坏人与人之间的交谈，还会引发反感，甚至会使本来能产生的友谊变为敌意。我父亲的书多是关于神学辩论的，我就是读了那些书才沾染上了这种好争辩的习气。从那时起我就注意到，除了律师、大学教师以及在爱丁堡受过教育的各种人士外[①]，通达之士很少与人争辩。

有一次我和柯林斯不知怎的，开始辩论起妇女

[①] 那一时期，爱丁堡常有激烈的宗教辩论，那儿的许多知识分子甚至从事于此，因此辩论文化较为普遍。——译者注

接受高等教育和从事研究工作的问题。他认为女性天生就不适合学习与研究，而我则持相反的观点，虽然我可能是为了争辩才反对他的。他天生就能说会道，言辞丰富，有时候我觉得他之所以在辩论的时候能压倒我，并不是因为他的论据多么有说服力，而是归功于他的口齿伶俐。那天分开时，我们的争论仍然没有结果，但之后一段时间内我们也没有再见面的机会，所以我就坐下来，将我的论点写成文字，誊清后寄给他，等他回信后我复又辩驳，如此往来了三四回。我父亲偶然翻阅了我的这些书信，他对我们的辩论内容不予置评，但却借机批评了我的写作风格。他说，虽然就拼写和标点的正确使用而言我比对手强（这点得归功于印刷所的工作），但若论及措辞的典雅、章法的严谨和叙述的清晰度，我可远不如柯林斯。为此，他还在书信中找了几处例子来说服我。我父亲的话并无偏颇，自此我便开始注意自己的写作风格，决心提高自己的写作能力。

　　大约在那段时间，我偶然发现了一卷零散的《旁观者》，是第三卷，我以前从未见到过这个刊物。

于是我把它买了回去，反反复复读了好几遍，非常喜欢，觉得里面的文章写得好极了，想尽可能地去模仿它的写作风格。我挑了几篇文章，把每句的大意摘写出来后，便搁置一旁。几天过后，在不看原文的情况下，我试着根据这些摘要重新完整地表达每一个意思，用自己能想到的合适的措辞来尽可能完整地重新描述之前所读到的内容。写成之后，我再拿来与原版对照，找出自己的错误和不足，加以修改。由此，我便发现了自己词汇贫乏的问题，或者说，我对词汇的运用做不到得心应手。我不禁在想，如果以前没有放弃写诗的话，那么我对词汇的积累和运用一定会比现在好多了。因为写诗经常需要用到意思相同而长短不一的词来适应诗的格律，或者为了押韵而使用发音不同的词，这样就会迫使我不断地搜寻，这个过程能让我牢牢地记住这些词，从而灵活地加以运用。因此，我选取了一些用散文写的故事，将其改编成诗歌。等过一段时间，我已差不多忘记原来的散文时，再把诗歌还原为散文。有时我还会打乱自己的摘录，几周后再设法重排为最恰当的顺序，然后遣词造句，连句成文。这种做法能让我学着理清思路。通过对比原文和我复原的文章，我能发现很多错误，并对此加以改正。但有时我也会欣喜地发现，在某些小细节上，我竟能侥幸改进原文的写作方式和语言表达。这使我大受鼓舞，想着也许假以时日我也能成为一名不错的英文作家，那可是我的雄心壮志。我做这类写作练习和读书的时间一般是下班后的晚上，或是上班前的清晨，要么就是星期天。一到星期天，我就想方设法地独自待在印刷所里，尽可能逃避去教堂做例行的礼拜。我父亲管教我时总是逼着我去，虽然我也觉得这是应尽的义务，但我实在没有时间去履行。

大约 16 岁时，我偶然读到一本倡导素食的书，是一位叫特赖恩（Tryon）的人写的，于是我便决定吃素。我哥哥那时还未成家，没人操持家务，所以他和学徒们都要去别人家搭伙吃饭。我拒绝吃荤，给大家添了不少麻烦，常常为此受到责备。于是，我就学着特赖恩先生的方法，自己烹煮一些食物，比如煮点土豆或米饭，做些速食布丁，等等。后来我就向我哥哥提议，若是他愿意把每周为我付的伙食费以半数给我，我就自理伙食，他立即同意了。不久，我就发现，他给的这笔钱我可以省下半数之多，这就又是一笔买书的钱了。不仅如此，自己吃饭还有一个好处，那就是在我哥哥和其他人出去吃饭时，我能单独留在印刷所里，草草吃完自己的简餐，通常就是一块饼干或者一片面包，加上一把葡萄干或是面包店买的甜果馅饼，再加上一杯水。之后，我就可以用余下的时间来学习，直到他们回来。节制饮食能使人头脑保持清醒、思维更加敏捷，这使我在学习上取得了更大的进步。

我上学时算术曾两次不及格，以前也在某些场合因不懂算术而颇感羞愧。于是，我找来科克尔（Cocker）的算术书，从头到尾很轻松地自学了一遍。我还读了塞勒（Seller）和谢尔米（Shermy）关于航海的书籍，其中涉及的一点几何学知识我稍微了解了一些，没做更深入的研究。大约也是在那时候，我读了洛克（Locker）的《人类理解论》以及波尔-罗亚尔修道院的先生们所著的《思维的艺术》。

正当我一心一意想要提高自己的语言水平时，我偶然发现了一本英语语法书［作者大概是格林伍德（Greenwood）］。这本书的末尾简要介绍了修辞学和逻辑学，并引用了苏格拉底问答法的实例作为逻辑学部分的结尾。不久，我又读到了色诺芬（Xenophon）写的《回忆苏格拉底》，书中列举了许多运用这种问答法的例子。我对此十分着迷，便开始加以运用。我不再像以往那样生硬反驳、武断地争论，而是学着谦逊地提出疑问。正是那时，我读了沙夫茨伯里（Shaftesbury）和柯林斯的文章，于是便开始对我们教义中的许多观点都产生了真正的怀疑。我发现苏格拉底问答法既可以让自己毫无破绽，又能将对手引入窘境。因此，我乐此不疲、屡试不爽，越发地得心应手。我甚至能巧妙地让那些知识渊博的人也不得不做出让步，而他们又无法预见让步的结果，最终便会因此而陷入进退两难的地步。靠着这种方法，我总是能赢得辩论，哪怕我的论据根本不足以说服别人。这种方法我继续用了几年，不过再后来就逐渐不用了，仅仅保留了谦逊的表达习惯。每当提出可能引发争议的观点时，我从不使用"肯定""无疑"或任何这类绝对化的字眼，而是说"我认为或我觉得是这样的""我是这么理解的""在我看来""由于某种原因，所以我认为……"或者"我是这样想的……"或者"如果我没弄错的话，它是这样的……"。我很肯定这个习惯对我大有裨益，特别是当需要说服别人接受我的观点或劝导他们接受我极力倡导的举措时。再说，交谈的主要目的无非是提供信息，或是获取信息，要么使人高兴，要么让人信服。因此，我真心希望那些善良、明智的人，不要采取那种独断、自以为是的方式说话，这会削弱他们的行善能力，因为那样的方式往往使人厌恶，容易引发对立，破坏语言之所以存在的意义，即：交流信息或分享快乐。因为，如果你想提供信息，表达方式太过武断，或许就会激起矛盾，使得人们无法真诚地聆听你的意见。如果打算从他人的知识中获取信息并提高自己，但却又不肯改变态度、固执己见，那么，那些谦逊、通达事理、不喜辩论的人可能就会避免与你发生冲突，任由你坚持自己的错误。这样一来，你就很难指望自己能博得听者欢心，也不大可能说服那些你希望获得支持的人。对此，诗人蒲柏就非常睿智，他说：

> 教人时要不露痕迹，就像你不是在教他，
> 那些他不懂的，就说是他遗忘的。

接着，他又劝告道：

> 即使十分肯定，言辞中也要表现出谦逊。

蒲柏写到这里时，可能是误用了写在别处的句子，我觉得下面这句更为妥当：

> 傲慢即为无知。

也许你会问我原句为何不妥，那我不妨将原诗写出来：

狂妄独此难辨，

傲慢即为无知。

你看，倘若一个人真的如此不幸，智慧匮乏又不明事理，那这不正是他狂傲的因由吗？所以，这两行诗要是像这样改写，不是更为合理吗？

狂妄只有一个理由，

即傲慢源于无知。

然而，这只是我自己的理解，若有偏颇，愿高明之士不吝赐教。

大约是在1720年或是1721年，我哥哥主办的一份名为《新英格兰报》的报纸出版发行了，这是在美洲殖民地发行的第二份报纸，在此之前只有《波士顿新闻通讯》。我记得当时他有一些朋友劝他不要办报，觉得当地有一份报纸就已足够了，再办报不大可能取得成功。然而现在，也就是1771年，美洲殖民地发行的报纸已至少有25种了。当时我哥哥不顾朋友们的劝阻，依然坚持办报，排版印刷好之后，就派我走街串巷去给订户送报纸。

我哥哥的一些朋友颇有才华，会撰写一些短文发表在报纸上作为消遣，而这些文章使得他的报纸小有名气，于是买报的人就更多了。写文章的这几位绅士常来拜访我们，听他们高谈阔论，讲述人们如何赞赏他们的文章，我不禁跃跃欲试，也想露两手。但那时我还只是一个毛头小子，要是我哥哥知道文章是我写的，他肯定不会同意把文章发表到报纸上。于是，我极力掩饰字迹，写了一篇匿名的文章，趁着夜里没人把它从印刷所门缝下面塞了进去。第二天早晨，文章就被发现，并传给了那些经常来访的写作朋友们。他们当着我的面阅读这篇文章，还对它进行了评论。他们对文章赞许有加，不停地猜度作者是谁，提到的都是当地有学问的知名人士，这一切都让我倍感欢欣鼓舞。现在想来，我真是有幸能得到这些人的评赏，虽然他们或许并没有我当初以为的那么才华横溢。

不过，受此鼓励，我又写了好几篇文章以相同的方式放到了印刷所，这些文章也同样地获得佳评。我一直保守着这个秘密，直到肚子里那点为数不多的墨水再也写不出什么来了，我才把这事告诉了大家。那时，我哥哥的那些朋友们开始对我有所赏识，但是这却让我哥哥不大高兴了，可能是因为他觉得这样会让我变得过于自负。而且，这可能是我们在那段时间开始产生分歧的一个原因。虽然我们是亲兄弟，但他却始终认为他是我的师父，而我只是他的一个学徒，所以希望我也像他其他的学徒一样供他差遣。可我觉得，有时他要求我做的那些事简直太掉价了，作为哥哥他应当对我再迁就一些。我们的口舌之争常常闹到我父亲那里，可能是因为我大都有理可依且更善言辞，父亲往往觉得我才是占理的那一个。可即便我没错，脾气暴躁的哥哥也还是经常揍我，为此我十分恼怒，觉得当学徒太枯燥乏味，总是盼着有什么机会能早点结束学徒生涯。终于，这个机会突如其来地降临了。

我们的报纸上刊登了一篇关于某种政治观点的文

章，具体是哪个观点我现在已不记得了，冒犯了当地议会。于是议长签发了逮捕令，把我哥哥抓走并进行了严厉的斥责，还监禁了他整整一个月，我猜，这大概是他不愿揭发文章作者的缘故。当时我也被抓了起来，带到咨议会上加以审问，但我什么也没交代。他们不过训诫一番之后，便把我打发走了，可能是认为我一个学徒肯定不会泄露师父的秘密吧。

尽管我和我哥哥私下不和，但是他被拘禁这件事还是令我愤愤不平。那段时间我负责管理那份报纸，于是我大胆地在报纸上抨击当局，我哥哥对此表示感激，但是其他人却开始不喜欢我，认为我是少年天才但却喜欢挑事儿和造谣污蔑。我哥哥被释放的时候议院发布了一条非常奇怪的命令："禁止詹姆斯·富兰克林继续出版《新英格兰报》。"

我哥哥与朋友们在印刷所商讨该如何应对此事。有人提议更改报名，以此规避当局的禁令，但是我哥哥觉得这样做会有不便，最终，大家选择了一个更好的方法：今后的报纸以我的名字"本杰明·富兰克林"来发行。可是如果由徒弟继续发行该报纸，有可能还会招致当局对我哥哥的责难。为了避免发生这种情况，我哥哥想出了一个办法：在我原来的学徒契约背面写上彻底解除契约的声明，然后把契约还给我，在必要时我可以拿出来给人看。不过他为了能继续差遣我，又让我为剩余期限签了份新的学徒契约。至于这份新契约，则不予公开。尽管这个计划并不周密，但还是立即执行了。于是，报纸以我的名义继续发行了几个月。

后来，我和我哥哥又产生了新的分歧。我认定他不敢把新的契约拿出来示人，于是决定维护我的自由。当时这种做法无异于乘人之危，我认为这是我早年所犯的错误之一。但我当时并没有什么愧疚感，因为他那个急躁脾气经常对我拳脚相加，我就是觉得愤恨不已。其实我哥哥在平时并非一个性情粗暴的人，大概是我那时太过调皮、太爱惹事儿了。

他发现我想要离开他，于是走遍了镇上的印刷所，知会各个老板，让他们不要雇用我。果然，所有印刷所都拒绝给我工作。于是，我便想到去纽约，因为纽约是离这儿最近的有印刷所的地方了。我之所以一心想要离开波士顿还有一个原因,那就是我觉得自己已经是当局的眼中钉了。从他们处理我哥哥案件时所表现出的专横做法来看,要是我继续留在这里,恐怕没多久我就会惹上麻烦。况且,我曾经对宗教问题言辞不慎,所以信徒们把我视作异教徒或无神论者,并总对我指指点点。我离开的决心已定,但我父亲这次却和我哥哥处于一条战线。我意识到,要是我明目张胆地走,他们肯定会设法阻止我。于是,我的朋友柯林斯答应为我做点儿什么帮我离开这里。他与一艘单桅帆船的船长讲好,让我搭乘他那艘船去纽约,声称我是他的一个熟人,年轻不懂事,让一个轻浮的姑娘怀了孕,那姑娘的朋友们硬逼着我娶她,因此我既不能公开露面,也不能公然离开。于是,我卖了些书凑了点儿钱,悄悄地上了船。帆船顺风而行,3 天之后就到了纽约。就这样,我这个年仅 17 岁的男孩,孤身来到了离家 300 英里(1 英里≈1.6 千米)的地方,既没有什么推荐信,也不认识这儿的任何人,甚至口袋里也没多少钱。

第 2 章

离家出走,初入费城印刷业

这时候我对出海闯荡已提不起兴趣,不然此刻倒是可以遂愿了。好在我还有一门手艺,而且自信手艺相当不错,我找到了当地的印刷商老威廉·布拉德福德(William Bradford)先生,请他收我为伙计。他是宾夕法尼亚的第一个印刷商,但在乔治·基思(George Keith)争执事件①发生后便离开了那里。他手头的活儿不多,且人手已经够了,因此没有雇用我。不过他说:"我儿子在费城,他最得力的助手阿奎拉·罗斯(Aquila Rose)最近死

---

① 乔治·基思是英国教友会的牧师,其在教义上与其他教友发生争执,之后自己创立了一个新的教派。——译者注

了。假如你去他那儿，我想他可能会雇用你。"费城离纽约有一百多英里，但我还是坐船前往安博伊（Amboy）①。我把行李留在了纽约，打算之后由海道运去。

横渡海湾时，我们遇到了一阵狂风，本就不结实的船帆被撕成碎片，所以我们没能驶入基尔河（the Kill），还被风浪冲到长岛去了。途中，一个喝得烂醉的荷兰（Dutch）乘客失足坠入海中，就在他下沉的时候，我一把抓住他乱蓬蓬的头发，把他拽了上来，又和大伙儿一起把他安顿在船上。这一番落水使他清醒了不少，他从口袋中掏出一本书让我帮他晾干，然后倒头就睡了。我把书拿来一看，原来这竟是我多年来最喜欢的作家班扬所写的《天路历程》。这本书是荷兰文译本，纸张上乘，印刷精良，书中还有铜版刻印插画，这种装帧比我见过的任何英文原版都还要精美。后来我发现《天路历程》已被翻译成欧洲的大多数语言，我估计除了《圣经》，也许就数读这本书的人最多。据我所知，约

---

① 历史上，安博伊是一个重要的港口城市。——译者注

翰·班扬很真诚,他是第一位把叙述与对话相结合的作家。这种写作方法十分吸引读者,能够让读者身临其境,精彩之处仿佛还能参与书中对话。笛福在《鲁滨孙漂流记》《摩尔·弗兰德斯》《宗教求爱》以及《家庭教师》等作品中成功模仿了这种写作方法。此外,理查森(Richardson)在《帕梅拉》(*Pamela*)等作品中也采用了这种方法。

船终于驶近长岛,但我们却发现这里巨浪翻滚,海滩乱石丛生,根本无法在此登陆。于是我们抛下船锚,慢慢转向岸边。有人在岸边朝我们大声呼喊,我们也喊叫着回应他们,但是风急浪高,我们根本听不清对方在说些什么。岸边有几条独木舟,我们一边比划一边大声呼喊着,示意他们用小船来接我们,但他们兴许没明白我们的意思,也可能是觉得这根本就行不通,于是便都走了。夜幕降临,除了等待风势减弱之外我们无计可施。我和船老板决定去睡一会儿,假如还睡得着的话。于是我们就跟那个湿漉漉的荷兰人一起,挤进了小艇的舱口。船头的浪花不断地打过来,水浸到我们身上,没多久我们就像那个荷兰人一样，浑身湿透了。我们就这样躺了整整一夜，几乎没怎么睡着。好在第二天风势减弱了，我们调转船头打算在天黑以前赶到安博伊，毕竟我们已经在海上漂了30个小时，没有吃的，喝的也只有一瓶浑浊的朗姆酒，外面的海水根本咸得无法入口。

那天傍晚，我发起了高烧，去船舱里躺了下来。想起曾在什么地方读到过发烧时要多喝冷水才好，我照着做了，夜里出了不少汗，高烧居然就这样退了。第二天一早过了渡口，我就下船了，向着五十英里外的伯林顿（Burlington）徒步前行，因为听说那儿有船可以送我直达费城。

大雨下了整整一天，我被淋得浑身湿透，才到中午就已疲惫不堪，于是就在一家破旧的小旅馆住了一夜，我那时多么希望自己当初没有离家出走啊！除了疲惫，我当时看起来还十分狼狈。我从人们对我的问话中发现，他们疑心我是一个私逃的仆役，所以我很有可能因此遭到逮捕。不过，我没有多做停留，第二天便又继续赶路。到了晚上，我在一家离伯林顿八九英里的旅馆住下。旅馆主人布朗医生在我吃东西时与我闲聊了几句，当发现我读过点儿书之后，对我的态度就变得十分和气友善。此后，我们都一直保持着联系，直到他去世。我猜想布朗（Brown）医生曾是一名游医，因为他能详尽地描述英格兰的任一城镇或是欧洲的任一国家。他颇有学问，人也聪明，却不大信仰宗教，甚至还在我们认识几年之后，像科顿以前恶改维吉尔（Virgil）的诗那样，将《圣经》改为了打油诗。经他这么一改，《圣经》中的许多故事就显得十分荒谬。要是他的作品得以付印，恐怕会对那些信仰本就不坚定的人产生不良影响。好在他写的这些东西从未出版过。

我在布朗医生的店里住宿了一夜，第二天早上赶到了伯林顿。但却非常窘迫地发现常规班次的船刚刚开走，而且要到下周二才会有下一趟了，可那天才周六。于是我只好回到了镇上的一个老妇人那里，之前我在她那儿买了一些姜饼，以备坐船时吃。我无处可去，向她询问该如何是好，她便邀请我住在她家，等下一班船。徒步跋涉而来，我实在太累了，于是接受了她的邀请。她一听说我是个印刷工，就劝我留在镇上自己开一家印刷所，全然不知开店需要多少资本。她非常好客，还十分热情地做了一顿牛颊肉来招待我，仅仅收了我的一壶啤酒作为回报。我满以为要等到周二才能出发了，没想到傍晚在河边散步的时候竟遇到了一艘前往费城的船。船上载着几个人，他们让我上了船。由于一直无风，我们只好一路划船，到了午夜时分也仍未看见费城。有人觉得我们肯定是走过了头，不愿继续往前划；其他人则不知道我们现在身在何处。于是我们朝着岸边划去，进了一条小河湾，在一道旧栅栏附近上了岸。10月的夜晚已十分寒冷，我们拆了一段栅栏生起了火，在那儿一直待到天明。等到天亮了，有人便认出这是库柏河（Cooper's Creek），就在费城上方不远的地方，只要从河湾里一出来就能看见费城了。在星期日早晨八九点的样子，我们终于到达了目的地，在市场街码头上了岸。

  我之所以如此详尽地描述这段旅程，接下来还将详述我第一次踏入费城的情形,是为了能使你在脑海中形成对比:起初这样窘迫的一个人,日后竟也能够成为费城的知名人士。当时我穿着工装,体面的衣服还在海运路上。经过这一路的颠簸我早已蓬头垢面,口袋里塞满了衬衫和长袜,看起来十分落魄,既没有熟人可投奔,也找不到地方留宿。这段时间我又要赶路,又要帮忙划船,也没能好好休息,所以此刻已是疲乏不堪,饥肠辘辘。我全身上下只剩下 1 元荷兰币和大约 1 先令的铜板,我把铜板作为路费给了船夫,起初他们不肯收我的钱,说我也帮忙划了船,可我执意让他们收下。一个人没什么钱的时候可能反而比钱多时更为慷慨,或许是唯恐别人觉得自己穷酸吧。

之后,我就沿着街道走着,四处张望,然后在集市附近看到有个男孩手里正拿着面包。我之前就常常吃些面包来凑合,于是便上前问他在哪儿买的,他给我指了指,是那家在第二街上的面包店。我立刻就到店里,想买一些在波士顿常见的那种硬饼干,但是费城似乎根本没人做那种饼干。我只好跟他们要一个3便士的面包，他们也说没有。我不知道这里的钱与波士顿使用的有什么差别，也不知道这里物价要便宜得多，更不知道这家店里有什么样的面包，于是就让他给我拿3便士的吃的，随便什么样的都行。店员依着我说的，给我拿了3个又大又松软的面包卷。我惊呆了，没想到三便士竟然可以买这么多面包，但我还是全部拿了起来。由于口袋里已经装不下了，我就两个胳膊各夹着一个面包，嘴里吃着一个走了。我就这样一直从市场街走到了第四街，经过后来成为我岳父的里德（Read）先生门口时，我未来的妻子就站在门口看着我，觉得我的模样十分笨拙可笑，我当时的确如此。接着我转身沿着栗子街（Chestnut-street）朝南继续走，之后又在胡桃街（Walnut-street）走了一段。我一边走一边吃，走了一圈，发现自己又回到了市场街码头，就在我来时那艘船的附近。我走到边上喝了一大口河水，加上刚刚吃下的那个面包卷，我已经吃撑了，于是就把剩下的两个面包卷送给了和我一同坐船来的女士和她的孩子，他们正等着开船，还要继续赶路。

我吃完面包感觉精神好多了,就又在街上闲逛起来。这时街上有许多衣着整洁的人,都在朝着同一个方向走去,我就跟着他们,结果走进了集市附近一个贵格会(Quakers)的大会堂。我在人群之中坐了下来,环顾四周,听不见有谁讲话。由于前一天晚上非常劳累并且缺乏休息,我困得不行,很快就睡着了,一直睡到散会才被一个好心人叫醒。于是,这个大会堂就成了我在费城进去过的第一座房子,也是我在这个城市第一次睡觉的地方。

从会场出来,我又朝河边走去,一路观察着行人的面孔。我遇到一个年轻的贵格会教徒,我很喜欢他的长相,便上前跟他搭讪,问他附近有没有外乡人可以投宿的地方。当时,我们正在"三个水手"旅馆的招牌附近,于是他跟我说:"这个店就能招待外乡人,不过名声不太好。如果你愿意跟我走,我可以带你去一个更好的地儿。"他把我带到了位于水街的克鲁克德(Crooked)旅馆,我在那儿吃了顿饭。正吃着,有人向我套话,似乎是看我外表落魄,又很年轻，怀疑我是从哪儿逃出来的。

吃完饭后，我又开始犯困了。有人领我到一张床边，我连衣服都没脱就躺床上睡着了，一直睡到傍晚六点，才被叫醒去吃晚饭。饭后我很早就上了床，一直酣睡到第二天早晨才醒来。起床后，我尽可能地把自己收拾干净，然后去了安德鲁·布拉德福德的印刷店。老板的父亲也在店里，就是我在纽约见过的威廉·布拉德福德老先生，他是骑马过来的，比我先到费城。老先生把我介绍给他儿子，他儿子非常客气地接待了我，还请我吃了早餐。但是他说刚新雇了个帮手，店里现在不缺人，不过城里最近新开了一家印刷店，老板叫凯默（Keimer），或许会雇用我。即便没能受雇，他也欢迎我在他家住下，他可以先给我安排点零活，直到我找到工作为止。

布拉德福德老先生说他要和我一同去那个新印刷店。当我们找到老板凯默的时候，老先生开口道："老街坊，我带了一个年轻印刷工来，或许你正需要这样的人手呢。"老板问了我几个问题，然后递给我一个排字架看我怎样操作,接着他说他很快就可以雇用我,不过一时还找不到事情给我做。他虽然之前没见过布拉德福德老先生,但他却把老先生当作镇里的好人,有意帮自己,于是便大谈他目前的经营状况和对未来的规划。布拉德福德并未透露他是另外一家印刷店老板的父亲,听到凯默说预计不久可以包揽城里绝大部分的印刷业务时,他就装作有些疑虑的样子,用一些巧妙的问题把对方的想法全部套了出来,比如他靠了谁的势力,准备如何拓展业务,等等。我站在一旁听得清清楚楚,立刻就看出他们俩一个是老谋深算的狐狸,另一个只是涉世未深的菜鸟。布拉德福德让我留下来,自己走了。我把老先生的身份告诉了凯默,凯默这才大为震惊。

我发现凯默的印刷店里只有一台破旧不堪的印刷机和一套已经磨损了的小号英文铅字。当时他正在用这套铅字排印一首挽歌,用于纪念之前提到过的阿奎拉·罗斯。罗斯是议会的书记员,他天资聪颖,品德高尚,受人敬重,还是一位相当不错的诗人。凯默也写诗,但是写得非常一般,甚至算不上是写诗，因为他作诗的方式是直接把心中所想排成铅字。这样一来，由于没有稿子，只有活字盘，而挽歌又很可能需要用到全部的铅字，所以谁也帮不上忙。我设法把他的印刷机调试好以备使用（这台机器他从未用过，他对印刷机一窍不通），答应他只要挽歌一排好，我就来为他印刷。接着我就回到布拉德福德的印刷店，我吃住都在那儿，给他干点儿零活。几天后，凯默差人来叫我去印刷那首挽歌。这时，他又弄到了一副活字盘，还接到了重印一份小册子的活儿，于是他就让我开始着手印刷了。

我发现这两个印刷店老板的业务都做得不太好。布拉德福德没有专门学过印刷，而且没什么文化。凯默虽然有点学问，但也只能算得上一个排字工，他对印刷一窍不通。他曾是法国先知派的教徒，能够手舞足蹈地表现"神迹"。不过那时他已不再宣称自己信奉哪门宗教，但有时又似乎对每门宗教都信一些。他不通人情世故，后来我还发现他有些无赖。由于我在他这儿干活，他就不乐意我继续住在布拉德福德那儿。虽然他确实有自己的房子，但里面没有家具，所以没法为我提供住宿。不过他替我在先前提到过的里德先生那里找了个住处，里德先生也是他的房东。这时候，我的箱子和衣物都已经运到了，于是我的穿着整洁了不少，在里德小姐的眼里我可比之前她第一次看到我在街上吃面包卷的时候体面多了。

那段时间我结识了城里一些热爱读书的年轻人，我们一起度过了许多愉快的夜晚。我很勤劳也非常节俭，攒了些钱，生活过得十分惬意。我尽可能地不去想波士顿，也不想让波士顿的任何人知道我身在何处，但我的朋友柯林斯除外。我给他写过信，他知道我住在哪儿，但是没有告诉别人。但最终还是出了点意外，使我比原计划提早回到了波士顿。我有一个姐夫，名叫罗伯特·霍姆斯（Robert Holmes），他是一艘在波士顿和特拉华（Delaware）之间往返跑生意的单桅帆船的船长。他当时在费城以南40英里的纽卡斯尔（Newcastle），听到了关于我的消息，于是就给我写了一封信。他言辞恳切，说我的突然出走让波士顿的亲友们十分担心，希望我相信他们的一番好意,只要我愿意回去,一切都按我所愿安排。我给他回了信,对他的劝告表示感激,还详尽叙述了我离开波士顿的原因,希望以此能使他相信,我的出走并非他所想的那般不近情理。

总督威廉·基思爵士那时正在纽卡斯尔,霍姆斯收到我的信件时,正巧与总督在一起,于是就向他提起了我,还给他展示那封信。总督看过我的信后,在得知我的年龄时,似乎非常惊讶。他说我是个前途无量的年轻人,应该加以鼓励。他还说费城的印刷店不怎么样,要是我能在那儿开店,一定会取得成功。对此,他表示愿意帮我争取公共印刷业务,并为我提供力所能及的帮助。不过,这些都是我回到波士顿后姐夫才跟我说的,当时的我一无所知。有一天,我和凯默正在窗边干活,看见总督和一位衣着考究的绅士〔后来才知道他是纽卡斯尔的弗伦奇上校(Colonel French)〕穿过街道朝着我们的店铺径直走来,接着就听见他们在门口的声音。

凯默以为他们是来找他的,赶紧跑下楼去迎接。

不想总督却问起了我。他来到我工作的楼上,用一种我不大习惯的谦逊态度彬彬有礼地向我说了许多客气话,表示愿意与我相识,还嗔怪我初到费城时为何不告知他,然后邀请我和他一起到酒馆坐坐,他和弗伦奇上校正打算去那儿品尝些上好的马德拉(Madeira)酒①。我简直受宠若惊,凯默也呆若木鸡地瞪大了眼睛。不过,我还是与他们一起去了第三街街角的酒馆。总督一边品着酒,一边提议我自立门户,还跟我描述了成功的可能性有多么的大,而且他和上校还许诺说,他们会帮我争取到军地两边政府的印刷业务。我告诉他们,不知道我父亲是否愿意帮我,威廉爵士说他可以给我父亲写一封信让我带回去,在信里他会详细说明在这里开店的各种好处,不愁说服不了他。最终,我们决定,一有船我就带着总督向我父亲推荐我的信返回波士顿。同时,这件事情先暂不公布,我还是照常在凯默的店里上班。在此期间,总督时不时地差人来找我,邀请我一同用餐,而且我们交谈时,他特别的亲切友

---

① 产自葡萄牙马德拉群岛的一种加强型葡萄酒。——译者注

好，这让我感到荣幸之至。

大约是在1724年4月底，有一艘小船正好要开往波士顿。我辞别了凯默，告诉他我要看望朋友去了。总督给了我一封厚厚的信，在信里向父亲说了许多赞扬我的话，而且极力推荐我在费城开办印刷店，说这里肯定会让我发财。我们的船顺着海湾航行时撞上了浅滩，船裂了一道缝，海上风大浪急时，我们只好轮流排班，昼夜不停地向船外抽水。大约两周之后，我们总算安全到达了波士顿。那时，我已经出走7个月了，亲友们一直没有我的消息。那时候我姐夫霍姆斯也还没回来，也没给家里写信。我突然现身，家里人又惊又喜。除了我哥哥外，大家都很欢迎我回家。我去到他的印刷所里看他，衣着比给他当学徒时体面得多，从头到脚都是考究的新行头，胸前还挂着一只怀表，口袋里装着将近5英镑的银币。他很不情愿地见了我一面，把我上下打量了一番，然后就扭头又干活去了。

店里的雇工们都很好奇我去了哪里，问我那是个什么样的地方，问我喜不喜欢那里，等等。我把费城大大赞扬了一番，说我在那里过得很好，还坚定地表示我是要回到费城去的。他们中有人问起我费城用的钱是什么样的，于是我掏出一把银币，在他们面前摊开，这对他们来说简直就是从未见过的"西洋景"，因为波士顿使用的是纸币。然后，我又趁机向他们展示了我的怀表。最后，（我哥哥还是绷着脸，闷闷不乐的）我拿出一块西班牙银币[①]让他们买酒喝，就从店里离开了。我的这次探访深深地得罪了我哥哥，因为后来我母亲劝他与我和解，希望两兄弟重归于好的时候，他说我在他的工人们面前用这种方式羞辱了他，他永远都不会忘记这件事，也永远都不会原谅我。不过，在这件事上他可弄错了，我的本意绝非如此。

我父亲拿到总督写的信显然十分惊喜，但却在接下来的几天都没怎么和我谈及此事。我姐夫霍姆斯回来后，我父亲给他看了这封信，问他认不认识威廉·基思，并向他打听这人的为人如何。还说，

[①] 原文为"piece of eight"，是一种西班牙古钱币，又译作"八里亚尔"，是当时主要流通的货币之一。——译者注

他觉得威廉爵士考虑事情欠妥，竟然鼓励一个还有三年才成年的男孩子自己创业。虽然我姐夫霍姆斯竭力促成此事，可是我父亲却很肯定此事不妥，最后一口否决了这个提议。我父亲给威廉爵士回了一封客客气气的信，感谢他好意给我的帮助，不过也委婉地表示他还不能帮我开业，因为他觉得我还太年轻，无法把这重要的生意管理好，加之开办印刷所也需要很多的资金。

我的好朋友、小伙伴柯林斯那时在邮局工作，听了我的描述后便对费城十分向往，决定也去那里闯荡。我还在等待父亲做决定，于是柯林斯就先走陆路去罗得岛了。他把好多数学和自然科学的书留给了我，让我去纽约时将这些书和我自己的书一同带过去，他打算在那儿与我会合。

我父亲虽然没有接受威廉爵士的提议，但他还是很欣慰，因为我能从费城如此有声望的人手中获得这么一封赞赏有加的信函，而且那么勤快、细心，还能在这么短的时间内把自己收拾得这样体面。因此，当他意识到我和我哥哥之间的矛盾难以化解时，便同意我返回费城了。他劝诫我要待人谦恭有礼，要努力赢得大家的尊重，切记不要讽刺中伤他人，显然他认为我有这个坏习惯。父亲说，如果我一直勤勉俭朴的话，到了 21 岁也许就能存够创业所需的资金，如果那时候资金差得不多，他愿意为我补上不够的那些。这就是我此番回到波士顿的收获，此外我还收到了饱含着父母爱意的一些小礼物。于是，我带着父母的认可与祝福，再次启程前往纽约。

帆船中途停靠在罗得岛的新港，于是我便去拜访了我的约翰哥哥。他几年前就在这里结婚定居了。他向来疼爱我，见到我十分高兴。哥哥有一个朋友，名叫弗农（Vernon）。在宾夕法尼亚有人要还他一笔钱，大约 35 英镑。他想要我帮他收下这些钱，先代为保管，等他通知我如何把这笔钱汇寄给他。随后，他给了我一份书面授权。这事儿后来给我带来不少麻烦。

在新港，有些要前往纽约的乘客上了我们的船，其中有两位结伴而行的年轻女性。还有一位带着仆人的贵格会妇人，看起来庄重、沉稳、理性。我曾表示乐意为她效劳，帮她做点小事，我想，这给她留下了不错的印象。所以，当她发现我和那两个年轻女人日渐亲近起来，且她们似乎都很乐意进一步发展关系时，她把我拉到一旁说道："年轻人啊，我很担心你。你现在只身一人，没有朋友在身边，你好像不谙世事，也不太了解那些给年轻人设下的圈套。那两个女人的言行让我可以肯定，她们绝不是什么好人，你要是放松警惕可就惹祸上身了。你与她们非亲非故，我好心提醒你一下，离她们远点儿。"一开始，我并不觉得那两个年轻女人像她所说的那样坏。后来，她跟我说了一些她留心观察到的细节，我之前并没有注意到这些，听了之后我便开始相信她是对的了。我对她的善意提醒表示感谢，答应会与她们保持距离。等船到了纽约，那两个女人把她们的地址告诉了我，让我去看她们，但我回绝了。还好我没去，因为第二天船长就发现船舱里丢失了一把银勺和一些其他的东西。他知道这两个女人是妓女后，便弄了一张搜查证去搜她们的住处，最终找到了赃物，让那两个女贼受到了惩罚。我们的船在行驶途中曾刮到一处暗礁，幸好没有撞上，躲过了一劫。但我觉得，躲过那两个女人的圈套可比躲过暗礁更为重要。

我在纽约找到了柯林斯，他比我先到一段时间。我俩是发小，一起读过些同样的书籍。但他有更多的时间来读书和钻研，还有惊人的数学天赋，因此在数学方面我远不如他。以前还在波士顿的时候，我大部分的闲暇时间都是跟他聊天度过的。他一直是个头脑清醒、勤奋刻苦的孩子，他的学识也颇受当地几个牧师和绅士们的赏识，将来也许会有大好的前程。可惜，我不在的这段时间里他沾染了酗酒的恶习。我从他自己和别人的口中得知，他到了纽约之后每天都喝得酩酊大醉，行为举止十分古怪。他甚至还赌博，输光了自己所有的钱。所以，我不得不帮他支付在纽约的住宿费、去费城的路费以及到了费城之后的生活开支，这可真是搞得我焦头烂额，心力交瘁。

当时的纽约总督是伯内特（Burnet，伯内特主教的儿子），他听船长说起有个年轻乘客带了许多的书，便希望船长将这个年轻人带去见他。于是我就去拜见了总督，若不是柯林斯已经喝醉了，我肯定会把他也带去的。总督待我十分客气，领着我参观了他那巨大的图书室，还和我聊了很多关于书籍和作家的话题。这是第二位赏识我的总督，我感到很是荣幸，这事儿实在是让我这穷小子喜不自胜。

我们继续前往费城，途中收到了别人还给弗农的钱，要是没有这笔钱我们恐怕都到不了费城。柯林斯想在会计所找一份工作，但是别人要么觉得他举止怪异，要么发现他满身酒气，因此，哪怕他有一些推荐信，也一直未能找到工作，所以就继续花着我的钱，与我同吃同住。他知道我身上有弗农的那笔钱，便不断地向我借钱，还承诺一旦找到工作有了薪水就会立刻还给我。最后他借走的实在太多了，我实在担忧，万一弗农这时要我汇款给他，我该如何是好啊！

柯林斯还是一如既往地酗酒，而且只要稍有醉意就会变得暴躁易怒，为此，我们不时地发生争执。有一次，我们和另外几个年轻人在特拉华河划船，轮到他划的时候，他却坚决不肯，说："反正你们会划船送我回家的。"我回道："我们不会替你划的。"他说："你们非划不可，不然咱们就在水上过夜，你们看着办吧。"这时，旁边的人劝道："没关系的，我们来划吧。"我一想到他最近的所作所为，实在气愤，坚决不肯替他划船。他却赌咒发誓一定要逼我划船，不然就把我扔进水里，一边说着一边还踩着划艇的横坐板冲着我过来。等他朝我动手的时候，我一把抱住他的大腿，起身把他倒栽葱似的扔进了河里。我知道他水性好，所以并不担心他有危险。他向我们游了过来，快要抓到船舷时，我们又赶紧划几下，让他够不着。每次他离我们很近时，我们就把船划远一点，然后问他肯不肯来划船。他十分恼怒，宁死也不答应划船。后来，我们眼看他精疲力竭了，那时也到了傍晚，所以还是拉了他上来，把浑身湿透的他送回了家。从那之后，我们几乎就再也没有客客气气地讲过话。当时有一个西印度群岛（West India）的船长要替巴巴多斯（Barbadoes）一位绅士的儿子找一名家庭教师，正巧遇见了柯林斯，便同意带他过去。于是我们就此分开了，虽然他答应只要一领到钱就会汇过来还给我，但是后来我再也没有收到任何关于他的消息。

动用弗农的钱，是我年轻时所犯下的大错之一。这件事情说明，我父亲的判断大致是对的，我还是太年轻了，不能经营重大生意。不过威廉爵士读了我父亲的回信后，却觉得我父亲太过谨慎，认为人与人之间千差万别，不是年龄越大的就越稳妥，年轻人也不全是鲁莽草率的。他说："既然你父亲不肯帮你创业，那就让我来帮你好了。给我列一个清单，写明需要从英国购置的物品，我派人去买。等你有能力了再把钱还给我。我是一定要在这儿开一家出色的印刷所的，我确信你能成功！"他说这话时，一脸的诚恳，所以我没有丝毫怀疑。那时我仍然保守着要在费城开店的这个秘密。若是有人知道我是把希望寄托在总督身上的，或许那些对他了解更多的朋友们就会劝我打消这个念头，后来我才听说他那随意承诺却从不兑现的性格是出了名的。然而我从未请求他伸以援手，怎会想到他如此慷慨的承诺竟是虚假的呢？我那时还真以为他是世界上难得的好人呢。

我列出了开一家小型印刷所所必需的物品清单，预计需要一百英镑。我把清单交给总督的时候，他看起来很是满意，并问我，如果我能亲自去英国选购铅字并确保各种物品都是上好的品质，是否更为妥当。他还说："等你到了那儿，你还能结识一些人，与书商和文具商搭上线。"我认同他的说法。他说："那你就准备一下，到时候乘'安妮斯'（Annis）号去吧。""安妮斯"号是当时唯一一艘来往于伦敦和费城的船只，一年只往返一次。那时，离"安妮斯"号启航还有数月，于是我继续在凯默那儿干活，每天都为柯林斯从我这儿借走的那些钱感到焦虑，担心哪一天弗农让我汇钱给他而我却拿不出来，然而过了好几年弗农都没有找我。

我好像忘了提一件事。我第一次从波士顿来费城的途中，就在布洛克岛（Block Island）附近，海面上风平浪静，船上的人便抓起了鳕鱼，并且捞了许多上来。那时，我仍然坚持不吃荤。看到大家捕鱼，我跟我的素食导师泰伦一样，认为捕鱼即是一种无端的谋杀，毕竟任何一条鱼都不曾也不会伤害我们，所以我们没有正当的理由捕杀它们。这个观点似乎很合情理，但在过去，我是非常爱吃鱼的，再加上刚出锅的鱼热气腾腾的，实在是香气扑鼻。我在素食准则和个人喜好之间权衡了好一会儿，直到我想起来之前他们剖鱼的时候，鱼肚子里有一些被吃掉的小鱼，然后我就想："既然你能吃别的鱼，那我们为什么不能吃你呢？"于是我也畅快地享用起了鳕鱼大餐，后来也只是偶尔吃素。做一个理性的生物原是如此便利，因为人总能为自己找到理由，或是制造理由去做想做的事。

我和凯默相处融洽，意见也还相投，因为他根本没想过我会自己开店。他还像以前那样热情，也还是喜欢与人辩论，因此我们有过多次争论。我常用苏格拉底问答法来对付他，先提一些似乎与眼前辩论毫不相关的问题，然后又逐步贴近主题，把他诱入圈套，陷入自相矛盾的困境。后来他变得极为谨慎，甚至连我最寻常的问题也很少回答，除非先问一句："你打算从中推断出什么呢？"不过，他却因此对我的辩才有了很高的评价，还郑重其事地提议我与他一起合作，成立一个新的教派，他负责传教，我负责驳斥异见者。他向我解说他的教义时，我发现有一些令人不解的教义让我无法认可。于是我向他表明，除非我也参与制定教义，介绍一些主张，否则我不会答应与他合作。

凯默留着长长的胡子，因为《摩西律法》中有一条规定了"切忌修剪胡须的周围"。他也同样以每周日为安息日。这两条教义对他而言是不可违背的，但我却都不喜欢。不过我说如果他能将不吃荤采纳为教义的话，那么我可以接受他的这两条教义。他说："我担心我的身体会吃不消。"我向他保证，他的身体不但不会扛不住，还会因此变得更加健康。他向来贪吃，我想着要是让他挨点饿肯定很有意思。他说要是我陪着他的话，他愿意尝试吃素。我答应了，和他一起坚持 3 个月的素食。我们的饭菜由一位女街坊做好后定时送来。我给了她一张包含有 40 种菜肴的清单，请她每天给我们变着花样做，而这个菜单里鸡鸭鱼肉都没有。这种别出心裁的做法很适合我当时的处境,因为素菜便宜,每人每周的餐费不会超过18便士。从那时起,我严格遵守过几次四句斋①。对我而言,正常饮食和斋食之间的突然转换并不为难,所以,有人建议说饮食的改变应循序渐进,我认为这完全没必要。我继续愉快地吃着素,而可怜的凯默却痛苦不堪,开始厌烦这个素食计划,一心想着那"埃及肉锅"②,于是便点了一份烤猪。他还邀请我和另外两位女性朋友一起享用,不过烤猪上得早了些,被禁不住诱惑的他在我们到达之前就全部吃光了。

在此期间,我对里德小姐展开了追求。我非常尊重她,对她十分爱慕,我相信她对我也是如此。但我即将远航去英国,当时我们又才刚过18岁,十分年轻,所以她母亲为了稳妥起见,让我们先不要着急结婚,等我从海外回来开业之后,再考虑此事。我想,除了这个原因外,也许是她觉得,我的那些

---

① 基督教信徒们把每年复活节的前40天作为自己斋戒及忏悔的日子,称为四句斋。——译者注
② 《圣经》典故,喻指遇到困难时,怀念昔日苟安的生活。——译者注

憧憬并不如我想象的那样势在必得。

这段时间，我较为要好的朋友是查尔斯·奥斯本（Charles Osborne）、约瑟夫·沃森（Joseph Watson）和詹姆斯·拉尔夫（James Ralph），他们都爱读书。奥斯本和沃森是镇上有名的代书人及产权转让律师查尔斯·布罗克登（Charles Brogden）的文书，拉尔夫则是一位商人的办事员。沃森是个虔诚理智、为人正直的年轻人，奥斯本和拉尔夫则没那么严格遵守宗教原则。尤其是拉尔夫，他就像柯林斯一样，受了我的影响没那么信教，而此后这两人都使我自食苦果。奥斯本知书达理，正直坦率，对朋友真挚热情，但在文学方面，却有些吹毛求疵。拉尔夫聪明机敏，举止文雅，能言善辩，我从未见过比他更善辞令的人。他们两人都酷爱诗歌，也开始试着写一些小诗。一到周日，我们四个总喜欢约着到斯库尔基尔（Schuylkill）河附近的森林中散步。我们朗读诗歌，讨论心得，十分愉快。

拉尔夫打算在诗歌方面深耕下去，笃信自己有朝一日能通过写诗出人头地，并由此发家致富。他声称，即使是那些最出色的诗人，一开始写诗的时候也必定会像他一样错误百出。奥斯本劝他打消这个念头，说他没有写诗的天赋，建议他踏实做好自己打小就从事的业务，不要胡思乱想。在商业领域，虽然他现在没有资本，但是凭着他的勤奋守信，或许能成为一名代理商，假以时日就能有足够的资金来独立经商了。我赞成偶尔写诗作为消遣，从而提高自己的语言水平，但仅此而已。

关于写诗这件事，有人提议下次聚会时，每人带一首自己写的诗来互相观摩点评，加以改进，从而提高写诗水平。我们关注的重点是语言和表达方式，而不考虑内容是否为原创。最后大家一致同意改写《诗篇》第18篇，就是描写上帝降临的那一篇。临近聚会的时候，拉尔夫先找到了我，告诉我他的诗已经改写好了。我跟他说自己最近一直很忙，也没什么兴致，所以没有写诗。他给我看了他改写的诗，想听听我的意见。我大大赞赏了一番，觉得这首诗写得很好。他说："奥斯本可不会承认我有哪儿是写得好的，只会出于嫉妒而百般挑剔。他对你不会这样，所以我希望到时候你可以把这首诗当成是你写的拿出来，而我就假装没有时间，什么也没写。咱们看看到时他会怎么说！"我同意了，立马重新誊写了一遍，好让这看起来像是我写的。

聚会的日子到了。沃森的诗先读，里面有些佳句，但也有很多不足之处。接着大家又读了奥斯本的，比沃森写的好多了，拉尔夫公正客观地指出了一些缺点，但也对其中的佳句称赞不已，然后表示自己这次没有写。我有些犹豫，看起来像是不希望大家读我写的似的，我解释说自己没有时间好好修改之类的。但是他们非要我把东西交出来，不允许找任何借口。于是这首诗就被拿出来反复诵读，沃森和奥斯本自叹不如，对这首诗大加赞赏。拉尔夫只提出了少许不足之处，建议我做一些修改，但我坚持为自己辩解，不接受他的意见。奥斯本也反对拉尔夫的建议，说他的点评比他的诗好不了多少，于是拉尔夫就不再争辩了。当他们两人一起回去时，奥斯本仍然对那首他以为是我写的诗称赞不已。他对拉尔夫说，当时他忍着没说太多，怕我以为他是在奉承我,"但是谁能想到富兰克林竟能写出这样有感染力、有画面感、有力量、有激情的诗!甚至比原作还写得好。看他平时说话好像词不达意,磕磕巴巴地时常出错,但是天啊,他写得太好了!"大家再次见面的时候,拉尔夫说出了事情的真相,奥斯本被大家取笑了好一阵子。

这件事坚定了拉尔夫要当诗人的决心。我想尽办法劝他放弃,但他仍旧乱写一通,直到蒲柏打消了他的这个念头。不过,拉尔夫后来成了挺优秀的散文作家。我在之后还会谈到他,但是另外两人或许就不再提及了,我就在这儿交代一下吧。几年之后沃森在我怀里去世了,他是我们之中最优秀的一个,我为此十分悲痛。奥斯本去了西印度群岛,在那儿成为一名杰出的律师,也挣到了钱,可惜英年早逝。我俩曾郑重约定,要是谁先去世了,如果可能的话,就要回来看看在世的那一个,告诉对方另一个世界是怎样的。但是,奥斯本食言了。

第3章

上当受骗，伦敦印刷所谋生

总督似乎非常喜欢让我陪伴他，常常让我到他家去。至于帮助我开业的事，当每次他说起来时，都好像是板上钉钉的事情一样。我启程时要带的东西，除了一封为我提供购买印刷机器、铅字和纸张等所需资金的信用证外，还有他为我写给他的朋友们的推荐信。他已经好几次与我约好取这些信件的时间，然后又不断地让我改日再来。这件事一拖再拖，一直拖到那艘也总是延期的船即将启航。于是，我去找总督辞行，打算领取那些信件。他的秘书巴德（Bard）博士出面告诉我说，总督正忙于写信，但他会赶在轮船之前到达纽卡斯尔，在那儿把信件交给我。

虽然拉尔夫已经结了婚，还有一个孩子，但他还是决意与我一起远航。原以为他是想去伦敦找些门路来代销货物，从而赚取佣金，但我后来才发现，他是因为对妻子的亲戚们不满，所以就打算把妻子撇给他们，自己再也不回来了。我辞别了朋友，与里德小姐山盟海誓之后，就乘船离开了费城，之后船泊在了纽卡斯尔。总督果然在那儿，但是当我去到他的住处时，又是秘书来接见的我，他传达了总督那些客气至极的话，说总督正忙于要事，无法见我，但他会把信送到船上去的，衷心地祝我一路顺风，早日归来，等等。我回到了船上，对这件事有些不解，但也还是没有起疑。

费城的著名律师安德鲁·汉密尔顿（Andrew Hamilton）先生和他的儿子也搭乘这艘船，他和贵格会商人德纳姆（Denham）先生，以及马里兰（Maryland）一家铁厂的两位老板奥尼恩（Onion）先生及拉塞尔（Russel）先生一起包下了船主舱，于是我和拉尔夫就只好去统舱里挤一个铺位了。船上没人认识我们，把我们当作普通人看待。然而，有人花重金请汉密尔顿先生为一艘被扣押的船只进行辩护，于是他和他的儿子（詹姆斯，后来当了总督）便下了船，从纽卡斯尔返回了费城。就在我们的船即将启航的时候，弗伦奇上校上了船，他对我十分尊重。这一举动让人们注意到了我，其他几位绅士就邀请我和拉尔夫到主舱去，汉密尔顿父子俩走后这里有了空位，于是我和拉尔夫就搬了过去。

我以为弗伦奇上校已经把总督的信带上船来了，便去向船长要那些应该由我保管的信件。船长说所有的信件都放在一个袋子里了，一时还拿不出来，不过在到达英国之前，应该会有机会让我去找出那些信的。听到船长这样说，我就暂且放心了，继续着我们的航海之旅。在主舱里，大家都很随和健谈，相处得很好，生活也好得不行，我们还额外享用了汉密尔顿先生留下的丰盛食物。我和德纳姆先生还因这趟旅途成为一生挚友，若非如此，这次远航实在算不上愉悦，因为途中我们遭遇了不少恶劣天气。

船只驶入英吉利海峡之后，船长信守承诺，让我去袋子里找那些总督署名让我代为保管的信件，可我一封都没找到。我根据信封上的笔迹挑了六七封出来，猜度着或许这就是总督给我写的那些，尤其是其中有一封是写给皇家印刷所的巴斯克特（Basket）先生的，另一封是给某个文具商的。我们于1724年12月24日到达了伦敦，我先去拜访了那位文具商，因为首先路过那里。我把那封信交给他，还告诉他这是基思总督写的。他说："我不认识你说的这人，"但还是把信拆开了："噢！这是里德尔斯登（Riddlesden）写来的。我最近才知道，他就是个彻底的无赖，我不会再和他有任何的来往了，也不会收下他的任何信件。"说完他就把信塞给了我，转身接待顾客去了。我大为惊讶，原来这些信都不是总督写的！后来我回忆了这件事的经过，反复比较，便开始怀疑起总督的诚意来了。我找到我的朋友德纳姆，跟他说了这整件事情。他让我了解了基思的那副德行，说他绝对不可能为我写任何信件，还说但凡有点了解他的人都不会对他有丝毫的信任。他听到总督要给我信用证的时候觉得十分可笑,说他根本不讲信用,哪有什么信用证给你呢。在我表示不知该如何是好时,他建议我找个印刷所去干老本行。他说"你可以在这边的印刷所提高自己的能力,等回到美洲的时候,你自己开店就更有优势了。"

巧的是,我们俩也和那位文具商一样,知道那个里德尔斯登律师是个不折不扣的无赖。他诱使里德小姐的父亲为他担保,害得里德先生几乎破产。从这封信来看,好像有人正在秘密酝酿一个对汉密尔顿不利的计划(他们假设汉密尔顿与我们一起来到了英国),而看样子基思和里德尔斯登都参与其中。德纳姆是汉密尔顿的朋友,他认为应该把这件事告诉汉密尔顿。不久之后,汉密尔顿来到英国,我便去他那儿拜访,把信交给了他,这么做一方面是因为我憎恶基思和里德尔斯登,另一方面则是出于对他的好意。这一消息对他来说非常重要,他对我表示了由衷的感谢,从那以后,我们还成了朋友。与他的这份友谊在后来的许多时候都对我大有裨益。

堂堂总督竟然玩弄这种卑鄙的把戏,那样下流地欺骗一个无知可怜的孩子,我们对此该作何感想!原来这是他早已养成的陋习,他既想讨好大家,但又没有东西可给,于是就予人以希望。除此以外,他倒是一个有才华、明事理的人,写得一手好文章,也是大家的好总督(虽然他的选民——殖民地领主并不这么认为,因为他有时会违逆他们的指示)。他在任期内还筹备通过了好几项顶好的法律。

我和拉尔夫形影不离,一起租房住在小不列颠(Little Britain),每周的租金是3先令6便士,这已是我们当时能付得起的最高租金了。他倒是联系上了一些亲戚,不过那些亲戚都很穷,帮不了他。这时他才告诉我他要留在伦敦,再不打算回去了。从费城出发时他身上没钱,筹来的钱都用来付了路费。我还有15个皮斯托尔[①],他在外找工作时会不时向我借点钱以维持生活。起初,他特别想进剧院,觉得自己能做一名演员。他向威尔克斯(Wilkes)应聘时,威尔克斯却坦言劝他别再想着做演员了,说他不可能在这方面取得成功。之后,拉尔夫找到帕

---

① 西班牙的一种旧金币。——译者注

特诺斯特街（Paternoster Row）①的一位出版商罗伯茨（Roberts），提出每周为他撰写一篇类似《旁观者》上刊登的那种文章，但有一些附加条件，罗伯茨没有同意。后来，他又想做一名抄写员，为圣殿区（the Temple）②附近的文具商和律师做些抄写工作，但也没人要聘请他。

我很快就在帕尔默印刷所找到了工作，当时这是一家开设在巴塞洛缪巷（Bartholomew Close）的著名印刷所，我在这里干了将近一年。我非常勤劳，但是挣的钱大都花在了经常和拉尔夫一起看戏及其他娱乐上了。我们一起花光了我所有的钱，后来就勉强只够糊口。他似乎全然忘记了妻儿，而我也逐渐淡忘了与里德小姐的约定。我只给她写过一封信，告诉她我一时还回不去。但其实，是由于我们过度开支，才一直都攒不够返程的旅费。这是我做的另一件荒唐事，要是能重来一次，我一定会避免这个错误。

在帕尔默印刷所，我的工作是给沃拉斯顿

---

① 帕特诺斯特街：伦敦著名的出版业中心。——译者注
② 圣殿区：伦敦市内的一个区域，是英国法律的著名中心。——译者注

（Wollaston）的第二版《自然宗教》排字。我觉得他有些论据并不充分，于是就写了一篇带有些许形而上观点的短文对《自然宗教》进行了评论，题为《论自由与必然，快乐与痛苦》，并把这篇文章题献给我的朋友拉尔夫，文章印量不大。帕尔默先生不喜欢小册子里的那些理论，为此对我进行了很严肃的劝导，但也正是此事使得他对我更加重视，觉得我是一个有些才华的年轻人。印刷这本小册子是我犯的另一个错误。我住在小不列颠时，认识了隔壁书店的老板威尔科克斯（Wilcox），他收藏了大量的旧书。那时还没有图书租借的概念，但我和他说好，只要支付一定的价钱（具体是多少我不记得了），我就可以借阅他的任何书籍，看后即归还。这对我来说是莫大的便利，于是便尽我所能地多去借书来看。

里昂（Lyons）是一名外科医生，也是《人类判断的正确性》这本书的作者。他不知在哪儿拿到了我的这本小册子，从而促成了我们的相识。他对我颇为青睐，常找我讨论这类哲学话题，还带我去了齐普赛街（Cheapside Lane）的"号角"酒馆，将我介绍给《蜜蜂的寓言》一书的作者曼德维尔（Mandeville）博士。曼德维尔在那里有一家俱乐部，他说话十分幽默风趣，是俱乐部的灵魂人物。里昂还在巴特森（Baston）咖啡馆里把我介绍给了彭伯顿（Pemberton）博士，他答应以后会找个机会让我见见艾萨克·牛顿爵士，我对这件事极为期待，可惜他的这个允诺一直没能兑现。

我从美洲带来了几件奇珍异品，其中最特别的是一个石棉钱包，因为这个钱包弄脏之后用火烧一烧就能洁白如新了。汉斯·斯隆（Hans Sloane）爵士听说了这个东西，于是前来邀我去他位于布鲁姆斯伯里广场（Bloomsbury Square）的家中做客。他向我展示了家中所有藏品，并说服我将那个钱包出让给他，好让他的藏品再添一件。为此，他付给了我一大笔钱。

我们寄宿的房子里还住着一位年轻女子 T 太太，她是个女帽店主或是女性饰品商，好像在修道院那儿有一个店铺。她很有教养，知书达理，性格活泼，谈吐引人入胜。晚上拉尔夫会读一些剧本给她听,两人逐渐变得亲密起来。后来她换了个住所,拉尔夫也跟着搬了过去。他俩同居了一段时间,但由于拉尔夫还是没有工作,而她的收入又不足以养活他俩以及她自己的孩子。于是拉尔夫下决心离开伦敦,想去乡村学校教书,因为他写得一手好字,也精于算术和会计,自认为还是有能力胜任的。然而,他却认为做这种工作有失身份,觉得自己将来肯定会出人头地,到那时他可不愿别人知道自己曾做过这样低贱的工作。于是他改了名字,很荣幸,他居然随了我的姓。我之所以知道此事,是因为他走后不久便给我寄来了封信,告诉我他在一个小村庄安顿了下来。我想应该是在伯克郡(Berkshire)吧,他在那儿教十来个孩子阅读和写作,薪水为每个学生每周六便士。他托我照顾好T太太,还让我一定要给他回信,而回信地址上写着的收件人竟是"教师富兰克林先生"。

拉尔夫依然时常写作,那时他正在创作一首史诗,于是给我寄来了冗长的样稿,想要我批评指正。

这些我都照做了，不时地给他回信，但也还在努力劝他放弃写诗。那时，扬（Young）的一部讽刺诗刚刚出版，犀利地讽刺了那些追求女神缪斯并希望由此获得进步的蠢行。我看到后便抄下了大部分内容，寄给他，想让他不再写诗，但这都是徒劳，他每次的来信里依然夹着他的诗稿。这时候，T太太由于拉尔夫的缘故，丢了朋友，也没了生意，常常愁苦不堪，便经常叫人来找我，想让我借些钱给她周转。渐渐地，我开始喜欢和她在一起的时光。那时我并没有宗教信仰上的约束，又仗着她对我有所依赖，竟试图与她亲近（又是一个错误），她断然拒绝了我，还把我这一行径告知了拉尔夫，这使得我们的关系产生了裂痕。当拉尔夫再次回到伦敦的时候，他告诉我，我的所作所为已经一笔勾销了之前我对他的所有恩情。于是我就明白，再也指望不上他会偿还我之前借给他以及替他垫付的那些钱了。不过，这在当时已经无关紧要了，因为他根本没有能力还钱，而且与他断交反而让我如释重负。这时我已开始考虑存钱和换一份更好的工作了，于是便离开帕尔默印刷所，跳槽到了林肯律师学院广场附近的沃茨（Watts）印刷所。那儿的规模比帕尔默印刷所更大，离开伦敦之前我一直在那里工作。

我那时觉得自己缺乏体力锻炼，于是初到这家印刷所时便选择了做印刷的活儿。我以前不乏锻炼，因为印刷和排字工作是一起做的，是一项很大的体力活。印刷所的大约50名工人都是酒鬼，而我只喝水。有时我会两手各提着一版铅字上下楼梯，其他工人则是两只手捧着一版。从这件事和其他的一些事情中，他们惊奇地发现，我这个被他们称为"水美人"的，竟比喝烈性啤酒的他们更为强壮有力。有个酒馆小厮常常到印刷所里来给工人们送酒。跟我在同一架印刷机上工作的那个伙计，每天早餐前喝1品脱（1品脱约为568毫升）啤酒，早餐时又要就着面包和奶酪喝1品脱，早餐和午餐之间1品脱，午餐时1品脱，下午6时左右又1品脱，收工后再来1品脱。在我看来这是一种陋习，可他却认为这个习惯很有必要，因为喝了劲大的啤酒他才有力气干活。我试着说服他啤酒能供给身体的能量与酿造啤酒所溶解在水中的谷物或大麦粉成正比，而仅仅1便士的面包就比啤酒含有更多的面粉。吃下1便士面包和1品脱的水，能比1夸脱的啤酒让他更有力气。然而，他还是继续喝啤酒，每星期六晚上要从他的工资中拿出四五先令来喝那让人晕乎乎的东西，而我则省下了这笔钱。因此，这些可怜的家伙永远难以翻身。

几星期之后，老板沃茨安排我到排字房工作，所以我就离开了这些印刷工。排字工们说我是新来的，要拿出五先令请他们喝酒。我认为这简直是敲竹杠，因为我在下面的印刷室那儿已经出过这笔钱了。老板也这么认为，不许我付这笔钱。我坚持了两三个礼拜，因此被认为是异类，他们私下给我不少小鞋穿。比如我稍稍出去一会儿，他们就会搅乱我的铅字、打乱我的页码、破坏我的排版，等等，最后还要把一切说成是"印刷房的幽灵"干的，说那些幽灵专门对付不守规矩的新人。尽管老板护着我，我也不得不照着他们的意思交了这笔钱。这件事使我相信，得罪身边的人是非常愚蠢的。

之后我就跟他们相处得很好，而且很快我在他们中也有了不小的威望。我对印刷所的规矩提出了一些合理的修改意见，并顶住一切反对意见而付诸实施。他们中的一大部分人以我为榜样，不再吃啤酒配面包和奶酪这样稀里糊涂的早餐，因为他们发现跟我在一起，可以只花 1 品脱啤酒的钱，即三便士半，就能在一家附近的饭馆里买到一大碗热气腾腾的薄粥，撒一些胡椒粉，配上面包屑和一点黄油。这种早餐既舒适又便宜，还能保持头脑清醒。那些继续整天滥喝啤酒的人，由于没钱买酒，酒馆就不再让他们赊欠了，因此他们常常找我借钱去买，按照他们的说法，他们已黯淡无光了。每周六晚上我都守在发薪处，收回借给他们的钱，有时候我一个星期就得替他们预先垫付大约 30 先令。由于这方面的原因，再加上我讲话幽默，言辞犀利，于是在印刷所里就颇有影响力。我从不缺勤，不会因为星期天玩累了星期一就请假，因而老板也很器重我。此外，我排字速度非常快，所以常常被指派做那些工钱更高的急件，所以那段日子我过得很是顺心。

我在小不列颠的住所太偏远了，于是我在公爵街找了个新的住处，就在天主教堂对面，在一个意大利人货仓背街的第三层。在那儿负责打理的是一位孀妇，她有一个女儿，一个女仆，另外还有一个雇工负责看管货仓，不过这个工人住在外面。她派人去我原来的住处探明我的为人之后，才同意把房子租给我，租金照旧，仍然是每周三先令六便士。她说之所以愿意租得这便宜，是因为她觉得房子里住个男人更为安全。她已经上了年纪，丈夫也去世了。她父亲是牧师，她从小就是一名新教徒，后来受丈夫影响改信了天主教。她一直对已故的丈夫心怀敬仰，念念不忘。她曾与许多上流人物来往密切，知道许多关于他们的奇闻轶事，有些还是发生在查理二世时代的事情。她的膝盖患有痛风，腿脚不大方便，几乎是足不出户，因此有时会希望有人能陪陪她。她知道的那些故事对我来说十分有趣，所以每当她需要时，我都一定会晚上过去陪她一阵子。晚上我们每人只吃一小片涂有黄油的面包和半条凤尾鱼，再共饮半品脱啤酒，十分简单，但与她的谈话却格外有趣。我的作息非常规律，很少给她们添麻烦，所以她不希望我搬走。我跟她说起听到有另一个住处，离我上班更近，每周租金仅要两先令，这个价格挺诱人，因为我当时一门心思地想省钱。她听说后立马给我减了两先令的房租，让我不要搬走。于是，我后来留在伦敦的日子里都住在她那儿，每周只需支付 1 先令 6 便士。

在她的阁楼里隐居着一位已 70 岁但从未结过婚的老妇人。房东太太告诉我这样一段有关她的故事：这位老妇人是罗马天主教徒，年轻时就被送到国外，住在修女院中，打算成为一名修女。但是因为在那边过不惯，她又回到了英国。英国没有修女院，但她决心要尽可能地活得像一名修女。因此，她把财产全部捐给了慈善事业，每年只留下 12 镑用来生活，她还会从这一小笔钱中拿出一大部分来救济别人，自己只喝薄粥，除了熬粥外从不用火。她在那里住了好些年。阁楼底下那个房间的历代天主教房客都不收她的钱，因为他们觉得有她住在那儿是一种福气。每天都有一个牧师前来听她忏悔。我的房东说:"我问过她,像她这样的生活,怎么还会有那么多需要忏悔的呢?""噢,"老妇人答道,"俗念难免啊。"有一次,她允许我前去拜访,我发现她为人爽朗也很有礼貌,我们聊得很愉快。房间里十分整洁,没什么家具,只有一张床垫,一张桌子,上面放着一个十字架和一本书,一个她拿来让我坐的凳子,以及挂在烟囱上方的一幅画,画上是圣维罗妮卡(Saint Veronica)正展示着她的面纱,面纱上印着耶稣神奇地流着血的面庞。她非常严肃地为我讲解了那幅画。她虽然脸色苍白,但从不生病。她的例子再次向我证明了只需要很少的金钱就可以正常生活,拥有健康。

我在沃茨印刷所结识了一个叫作威盖特(Wygate)的年轻人。他很聪明,家境富足,比印刷所里的大部分工人都有教养。他拉丁语说得不错,会讲流利的法语,而且还热爱阅读。我教过他和他的另一个朋友学游泳,才下过两次河,很快他们就游得很好了。他们带我认识了一些乡村来的绅士,这些绅士去了切尔西(Chelsea)参观那里的学院,并欣赏了堂·萨尔特罗（Don Saltero）的古董。回程的时候，威盖特说起我游泳游得很好，这激起了大家的好奇心，于是我就应了大家的要求，脱掉衣服跳入河里，从切尔西附近一直游到了黑衣修士区（Blackfryar），一路上表演了各种水上水下的花样。他们从未见过这些，对此惊奇不已。

我从小就喜欢游泳，特维诺（Thevenot）[①]的全套游泳动作和姿势我都拿来学习和练习过，还加了一些我自创的，力求在实用的同时还能游得优雅省力。我借此机会将这些都表演了一番，众人盛赞不已，我也心花怒放。而想要成为游泳高手的威盖特，本来因我们俩所学相似就很有共鸣，今天见到了这些，他对我就越发喜欢了。后来他提议我俩一起环游欧洲，途中可以随处做些印刷的活儿来挣点钱，补贴路上的花销。我一度非常心动，不过，那时我只要一有空，就会去找我的好朋友德纳姆先生聊一阵子。我把这个计划跟他说了，但他并不赞同，劝

[①] 特维诺全名为"Melchisédech Thévenot"，曾于1696年出版了书籍《游泳的艺术》，介绍了游泳技术和方法，为后世的游泳教学提供了重要参考。——译者注

我最好把心思放在回宾夕法尼亚这件事上。那时候，他也正打算回去。

德纳姆先生是个好人，他有个优点我必须跟你提一下。他之前在布里斯托（Bristol）做生意，生意失败后欠下了许多债务，还了一部分之后就去了美洲。他在美洲专心经商，几年之后就发了大财。与我同船回到英国之后，他设宴款待了旧日的债主们，在饭桌上，并感谢他们曾经给他宽限。那些债主们本以为那日只是去吃饭的，并不指望能拿到当年剩下的欠款，哪知却在第一道菜撤下后，大家都在各自的盘子底下发现了一张银行支票，支票上的数字是欠债加利息的总额。

这时候德纳姆告诉我他要回费城了，准备带上大批货物回去开商号，想雇我做店员。他会教我如何记账，然后再让我做一些抄写信件，打理店铺的事。他还补充道，一旦我熟悉了贸易业务，他就会提拔我，派我将装满面粉和面包的商船运送到西印度群岛去，还会帮我找些其他能赚钱的活儿。要是我做得好，应该能积攒下一笔可观的财富。他的提议正合我意，我已经开始厌倦伦敦了，每次想起在宾夕法尼亚的愉快时光总让我倍感欣喜，希望重回故地，于是我立刻就同意了。德纳姆每年会付我50镑宾夕法尼亚币，其实，这些低于我现在做排字工的收入，不过这份工作更有发展前景。

自此，我就转行了，那时我还以为自己再也不会回到印刷业了。我开始每天忙于自己的新工作：跟着德纳姆先生去跟那些生意人讨价还价，采购各种物品，然后还要监督他们将货物装箱；外出跑腿；督促工人们加快进度；等等。所有的货物都装上船后，我才可以有几天空闲时间。其间，发生了一件让我出乎意料的事。赫赫有名的威廉·温德姆（William Wyndham）爵士派人来找我，我对他早有耳闻，但却从未见过本人。我如约登门拜访，原来他不知从哪儿听说了我从切尔西游到黑衣修士区的事，还听说我仅用几个小时就教会了威盖特和另一个年轻人游泳。他有两个儿子，两人即将出门旅行，他希望他俩先把游泳学会了再出发，还说要是我愿意教他们的话会付给我丰厚的报酬。此时，他的两个儿子还没来伦敦，而我又不知道自己还会待多久，所以我没有应承此事。不过，这倒是让我产生了一个念头，要是我继续留在英国办一所游泳学校的话，估计能大赚一笔。这件事对我触动很大，若是他早些邀请我的话，也许我就不急着返回美洲了。多年之后，我还带着你和威廉·温德姆爵士其中的一个儿子打过更重要的交道，那时，他已经是埃格勒蒙特（Egremont）伯爵了。这件事我会在适当的地方再次提及。

就这样，我在伦敦待了大约一年半，大部分时间我都在努力地工作，除了看剧买书外，也自奉甚俭。我曾因拉尔夫一度过得捉襟见肘，他欠我大约27英镑，这笔钱他是不大可能还我了。就我的微薄收入而言，这可是一大笔钱。可即便如此，我也还是喜欢他的，毕竟他有着许多招人喜欢的品质。虽然我在伦敦没赚到什么钱，但我结识了一些有才之士，与他们交谈总是受益匪浅，此外，我还阅读了大量的书籍。

第 4 章
重返费城，开印刷所办报纸

1726 年 7 月 23 日，我们从格雷夫森德（Gravesend）启程。航行中发生的事情，我都详尽地写进了日记，你可以从中查阅。而此中最为重要的，应该是我在海上制定的那份关于我未来人生的规划。鉴于那时我还如此年轻，且直至晚年我都还一直在遵循当时的这些规划，于是就显得它更加不同寻常了。

我们到费城的时候是 10 月 11 日，我发现这里变化不小。基思不再是总督，取而代之的是戈登（Gordon）少校。我遇到基思时，他在街上走着，跟一个普通市民没什么两样。看到我时，他似乎有些尴尬，一声不吭地就走过去了。里德小姐收到我的信后，她的朋友们都对我返回费城这件事不抱希望了，劝她另嫁他人。所以在我走后，她嫁给了一个叫作罗杰斯（Rogers）的制陶工人。若非如此，我见到她时也会如基思见到我一般尴尬。不过，里德小姐和罗杰斯在一起并不幸福。没多久，里德小姐就与他分居，并离开了他，也不再使用他的姓氏，如今又听说罗杰斯原来就另有妻室。当初里德小姐的朋友们看重他手艺精湛，却不想这竟是一个品行不端的人。他欠债太多，在1727年或是1728年，逃去了西印度群岛，后来死在了那里。凯默有了一座更好的房子，还开了家文具店，添了许多新的铅字，雇用了一些伙计，虽然这些人的手艺不怎么样，店里生意倒也红火。

德纳姆先生在水街开了一家店，出售我们运来的货物。我努力工作，学习做账，不久就成了卖货好手。我们吃住都在一起，他像父亲一样对我谆谆教导，待我格外真诚，也很尊重我的意见，我也十分尊敬他、爱戴他。我们本可以就这样幸福地相处下去，但在1727年2月初①，我刚过完21岁生日没多久，我俩就都病倒了。我患了胸膜炎，差点儿丧命。我被病痛折磨了很久，都不想活了。而当我开始康复的时候，又有些沮丧，怨恨着这样的折磨我迟早还得再经受一次。我忘了德纳姆先生得的是什么病，总之他病了很久，最后还是走了。他在口头遗嘱里给我留了一小笔遗产，算是给我的一点儿关爱，但他的离世把我又丢进了这茫茫世界，留我独自面对。他的遗嘱执行人接管了店铺，于是我跟着他干的这份工作也就结束了。

我姐夫霍姆斯那时也在费城，他劝我重回老本行。凯默也来拉拢我，表示愿意付我高额的年薪请我帮他管理印刷所，这样他就能抽身去更好地照看文具店。我在伦敦时，从凯默的妻子和她的朋友那里听说凯默品行不端，于是不想与他再有瓜葛。我原本打算找一份商店店员的工作，但没有找到，最后就只好答应了凯默。凯默的印刷所里有这么一些

---

① 原文为"1726—1727年"，但前文提到他们两人1726年10月才到达费城，因此译为1727年。——译者注

伙计：休·梅雷迪思（Hugh Meredith），威尔士裔宾夕法尼亚人，30岁，自小做农活。他为人老实、明白事理、观察力强，比较喜欢读书，缺点是酗酒。斯蒂芬·波茨（Stephen Potts），一个已成年的乡下青年，会做农活。他天赋不凡、机智幽默，但不够勤勉。凯默每周付给他们的工钱非常低，但向他们许诺一旦手艺见长，每隔3个月薪资就涨1先令。这种未来的高额工资是他引诱他们来店里干活的一种手段。梅雷迪思主要是干印刷，波茨则是做装订。按照合同，凯默应该要教给他们这两种技术，虽然他自己也一窍不通。约翰，一个粗野的爱尔兰人，什么也不会做。凯默从一个船长那里买来了约翰四年的工作时间，准备让他干印刷的活。乔治·韦布（George Webb），一个牛津大学的学生，也被凯默买了四年的服务期限，打算让他去排字。之后我很快还要讲到他。还有大卫·哈里（David Harry），一个乡下孩子，在这里当学徒。

于是我很快就明白了，凯默之所以开出远高于他惯常所给的工资聘我回来，是想让我教会这些没有经验的廉价雇工。他们都跟凯默订了一定年限的契约，一旦我教会了他们，他就可以继续开店而不再需要我了。尽管如此，我还是欣然继续工作，把他本来乱糟糟的印刷所带上了正轨，慢慢地使这些伙计们学会专心工作，并做好自己分内的事。

牛津大学的学生成为卖身仆是一件稀奇的事情。乔治·韦布那时还不满18岁，他给我讲述了自己的经历：他出生在格洛斯特（Gloucester），在当地的文法学校念过书。当时在学校参加戏剧表演时，展现出了高于常人的表演才能。读书期间，他加入了学校的妙言社团，写了一些诗歌和散文，还曾在格洛斯特的报纸上发表了这些作品，因此他被选送到牛津大学。他大约在牛津大学读了一年，对那里不怎么满意，一心只想去伦敦见见世面，还希望成为一名演员。于是，当他终于领到了15金币的季度津贴时，他没有拿这笔钱去还债，而是离开了牛津，把校袍藏在了金雀花丛后，就步行去了伦敦。可他在伦敦无依无靠又交友不慎，很快就花光了所有的金币，既找不到成为演员的门路，又身无分文，甚至当了衣物去买面包,但也还是填不饱肚子。正当他饥肠辘辘地在街上走投无路时,有人把一张招工广告塞到了他手里,上面说只要愿意签约去美洲工作,就能立马安排食宿并提供奖励。

他毫不犹豫地跑去签了契约,然后就被带上船来到了美洲,此间关于自己的境况他对亲友们只字未提。他活泼机智,心地善良,常给人带来欢乐,但却懒散、粗心,做事也极为鲁莽。

那个爱尔兰人约翰没多久就偷跑了。我与其他人相处得非常愉快,尤其是当他们发现,从凯默那里学不到什么,而从我身上则每天都能学到一些新东西之后,就更为尊重我了。周六这天我们从不工作,因为那是凯默的安息日,这样一来,加上礼拜天我就每周都有两天的时间可以用来阅读。我结识了更多富有聪明才智的人士。凯默待我十分殷勤,看起来也很尊重我,此时我心中别无挂虑。只是因不善理财,我仍然无力偿还欠弗农的钱。好在弗农非常和善,并未催我还款。

我们印刷所经常缺少铅字,那时美洲又还没有铸字厂。我在伦敦时,曾在詹姆斯的工厂里见过浇铸铅字,但当时没有特别在意他们具体是怎么个浇铸法。不过,我现在自己设计了一个模具,利用现有的铅字作为打印器,在铅里压铸出字模,这样就满足了印刷所对铅字的需求,效果相当不错。我也偶尔会雕刻一些东西,自己配置油墨,还管理仓库,等等。总之,我就是个万金油,什么杂活儿都能做。

然而不管我有多么能干,随着其他人手艺的提高,我发现自己在印刷所里越来越不重要了。凯默支付我第二季度的薪水时,说他觉得我的薪水对他来说有些难以承受了,认为我应该降低一些。逐渐地,他待我不如之前那样殷勤了,开始摆起了老板的架子,动不动就吹毛求疵地挑些毛病,似乎随时准备与我翻脸。尽管如此,我还是很有耐心地继续在这儿干着,心想他的这些行为或许是他受债务困扰的缘故。最终,我们因一件琐事决裂了。有一天,法院附近特别嘈杂,我把头伸出窗外,想看看到底发生了什么事。凯默那时正在街上,他抬头看见了我,疾言厉色地冲我喊叫,让我少管闲事,并喋喋不休地叫骂着。当时所有往外看热闹的邻居都看到了我被他呵斥的样子，他这样当众对我无端指责，让我十分恼火。他又立马冲回印刷所，继续跟我吵，我们双方都出言不逊。他当即警告我说下季度干完就要我走人。根据我们先前的约定，他如果要解除合约必须提前三个月告知我，于是他说真希望当初没定三个月那么长。我立即告诉他不必后悔，因为我现在就要离开。然后，我拿上自己的帽子，走出了印刷所的大门。走到楼下时我遇到了梅雷迪思，于是就请他帮我收拾一下留在所里的私人物品，帮忙把那些东西送到我的住处。

　　晚上，梅雷迪思如约来到了我家，我们一起商量了所发生的事情。他很尊敬我，要是我走了，他也不愿意继续留在印刷所了。我起初想回波士顿，他劝我留下来，并提醒我一些事情：凯默如今欠了一身的债，那些债主们已经开始担忧他们拿不回钱了；那个文具店也经营不善，他为了能拿到现金，时常会做些不挣钱的买卖，还常常赊卖货品但又不记账，所以凯默肯定会破产。这样一来，我就有机会了。我不赞同他的说法，因为我手里没钱来接管凯默的业务。于是他跟我说，他父亲对我的评价很高，且与父亲的谈话让他相信，如果我愿意与他合伙的话，他父亲肯定愿意资助我们。他说："明年春天的时候我与凯默的合同就到期了，到那时我们可以从伦敦买来印刷机和铅字自己开店。我知道我的印刷技术不怎么样，所以，如果你愿意的话，你出技术我出资金，利润我们五五开。"

这个计划很合我意，我欣然同意了。他父亲此时正好在城里，也对这个计划表示赞同。在他发现我对他儿子影响很大的时候，就更加支持我们了。在我的劝说下，梅雷迪思已经很久都没喝酒了，他父亲希望我们的关系能够更亲近一些，然后我就能帮助他儿子彻底摒弃喝酒的恶习。我列了一张清单，他父亲拿到之后交给一个商人去订货了。我们说好在设备送达之前不对别人说起此事。与此同时，我最好能在另一家印刷所先找个工作。但我发现没有哪家印刷所要招人，于是就闲了几天。这段时间，凯默有一个为新泽西（New Jersey）印刷纸币的机会，但这项工作需要用到多个雕版和各种各样的铅字，而这些东西只有我才能做得出来。凯默担心我会被布拉德福德雇了去，从而抢了他的生意，于是就给我写了一封非常谦恭有礼的信来邀请我回去，说多年的老朋友不该为几句气话就分道扬镳。梅雷迪思也劝我回去，这样的话，在我每天的指导下，他就能有更多的机会来提高手艺。于是，我又回到了印刷所，和凯默的关系较之以前缓和了许多。凯默拿到了为新泽西印刷纸币的业务，为了完成这项工作，我设计了一架铜版印刷机，这在美洲还是第一台。除此之外，我还为纸币刻了一些装饰图案和防伪标识。我们一起去了伯林顿，在那里圆满地完成了所有印刷工作。凯默因这项生意大赚一笔，这让他又能维持相当长一段时间了。

议会指派了一些人组成委员会来监管纸币印刷工作，确保我们是按照法律规定的数量进行印刷的。我在伯林顿认识了许多这里的显要人物，其中有几个就是这个委员会的委员。这些人轮流来监督我们，通常还会带一两个朋友作陪。我读过些书，思维比凯默开阔得多，或许正是这个缘故，才使别人觉得与我交谈更有意义。这些人邀请我到家里做客，把我介绍给他们的朋友，给我很高的礼遇。而凯默，尽管是老板，反倒是有些被忽视了。老实说，凯默这个人性情古怪，他不懂得日常生活的礼节，喜欢粗鲁地驳斥那些人们公认的观点，邋邋遢遢不讲卫生，对某些宗教信条极为狂热，而且还有点无赖。

我们在伯林顿待了差不多三个月，那时我已结识了一些朋友：艾伦（Allen）法官，殖民地议长塞缪尔·巴斯蒂（Samuel Bustill），议会议员艾萨克·皮尔逊（Isaac Pearson）、约瑟夫·库柏（Joseph Cooper）以及几位姓史密斯的先生，还有总测量师艾萨克·德科（Isaac Decow）。德科是个精明、睿智的老人。他说自己年轻时，一开始是为砖匠推车运泥土，成年之后才学会写字。他还为教他测量的测量员扛过测链，而如今他靠着自己的勤奋，也算是家业颇丰。他说："我看你很快就会取代你的老板，在费城凭着印刷发家。"他说这话时完全不知道我打算在费城或是其他地方开业的想法。这些朋友日后对我大有裨益，我也偶尔能为他们帮上一些忙，他们一直都很尊重我。

在给你讲我正式开业之前，最好先说说我那时关于原则和道德的一些想法，这样，你就可以了解这些观念是如何影响我人生中的重大事件的。在我小的时候，我父母就向我灌输了一些宗教观念，整个童年也都让我虔诚地信奉着非国教宗教。但还不到15岁时，通过阅读，我就发现，有些宗教观念在不同的书中相互矛盾，于是我对这些观点产生了怀疑，后来还开始怀疑起《启示录》本身。偶然间我接触了一些反对自然神论的书籍，据说这些书正是波义耳（Boyle）演讲[①]的布道精髓。然而，这些书却对我产生了与其原意相悖的影响。书中引用了一些自然神论者的观点，然后对其进行反驳，然而在我看来，这些引用的观点比书中的反驳更站得住脚。总之，我很快就变成了一个彻底的自然神论者。我的观点曾将他人引入歧途，尤其是柯林斯和拉尔夫。

---

① 波义耳演讲指17世纪末以科学家罗伯特·波义耳命名的一系列年度演讲，旨在更理性地理解世界。——译者注

不过他们两人后来都对我造成了很大的伤害,却丝毫不觉得愧疚。我想起基思对我所做的事情(他也是个不信宗教的自由思想者),还回想起我自己对弗农和里德小姐的所作所为,那些事情曾一度使我感到非常苦恼。于是我开始怀疑,尽管自由神论的教义是真理,但并不是很有用。我在伦敦时写的那本小册子引用了德莱顿(Dryden)的诗句作为箴言:

存在即合理。虽然那目光短浅之人

只见链条的一段,最近的一环

他双眼所不见的正是那上面平衡一切的

杠杆。

那时,我从上帝的特质性,即那无限的智慧、善良以及力量中得到了这样的结论:世上的一切都是合理的,善与恶不过是一种虚无的区分,因为世上就没有善恶这种东西。现在看来,这个立论并不像我当初认为的那样睿智。我猜想可能是某些谬误不知不觉地渗入了我的论断,以致影响随之而来的全部观点。这种情况在形而上学的推论中很是常见。

后来我越发相信,在人与人之间的交往中,真实、诚信和正直对幸福至关重要,我将这样的信念记在了日记里,并且终身奉行。其实,《启示录》本身对我无足轻重。不过我认为,虽然我们不能因为《启示录》禁止某些行为,就断定这些是恶行,也不能因为它的提倡就认为某些行为是善行。但或许正是因为考虑了各种因素之后,发现某些行为对我们有害,所以《启示录》才加以禁止,而某些行为对我们有益,所以《启示录》才大力提倡。正是这样的信念,加之上帝的眷顾与天使的守护,抑或是我恰巧身处顺境,也可能是三者皆有的缘故,护佑我度过了危险的青年时代,即使有时陷入陌生人的险境也最终得以脱险。哪怕没有我父亲的管教和忠告,我也并没有因为缺乏宗教信仰而蓄意做一些不道德或是不正义的事。之所以说"蓄意",是因为我那时年少无知,涉世未深,再加之别人的欺诈,所以我此前提到的那些过错都有一定的必然性。因此,我算是带着尚可的品格踏入社会的,我对此非常珍视,并决意一直这样保持下去。

我们回到费城不久,订购的新铅字就从伦敦运来了。没等凯默听到我们要开业的风声,我们就与凯默结算了工资,经他同意后离开了。我们在市场附近找了一座房子,租下来开始着手开业的事。当时这房子的年租金是24英镑,后来听说涨到了70英镑。为了能少点儿租金压力,我们接受了玻璃装配工托马斯·戈弗雷(Thomas Godfrey)一家与我们合住,这样就能由他们来支付很大一部分租金,同时,也解决了我们吃饭的问题。我们刚拆包铅字,安装好印刷机,我的朋友乔治·豪斯(George House)就带来了一个乡下人。他说在街上碰到此人的时候,他正四处寻找印刷所。当时我们的所有现金都用来购置各种必需品了,所以这位客人所付的五先令来得正是时候,成了我们的第一笔收入。而这五先令带给我的快乐,超过了后来赚到的任何一笔钱。对豪斯的感激之情促使我之后也常常帮助那些年轻的创业者,若不是自己有过这样的经历,恐怕我是不会如此热心的。

那种总是预言自己国家即将灭亡的乌鸦嘴在哪儿都有,费城就有这么一个,名叫塞缪尔·米克尔(Samuel Mickle)。他有些名气,上了点年纪,一副聪明相,说起话来一本正经。我并不认识这位先生。有一天,他站在我们门口,问我是不是那个最近开了一家新印刷所的年轻人。在得到我的肯定答复后,他却说真替我感到惋惜,因为开印刷所要花不少钱,而我注定会赔本,因为费城正在没落,人们已经处于半破产或是濒临破产的状态了。而一切与此情况相悖的,如新建筑落成、租金上涨等,在他看来都是虚假的表象。而且,这些正是不久之后将造成我们毁灭的一些因素。接着他便详细地叙述了当时已发生的一些灾难,也预言了些即将要发生的。他讲的这些让我有点闷闷不乐,要是我早些认识他,或许就永远都不会开印刷所了。后来,这人继续住在这个所谓每况愈下的城市,说着同样的丧气话,多年来都没有买房,因为一切都将毁于一旦。最后,他还是买了房,房价是他初倡悲观论调时的五倍,知道这事之后我感到心里顺畅多了。

有件事我早该提到的。前一年的秋天，我把我大部分有才华的朋友都召集起来，成立了一个互促互进的社团，取名为共读社，约定好每周五晚上聚会。我为此拟定了一些规则，要求每名社员轮流提出一些关于道德、政治或自然科学方面的疑问，供大家讨论，且每隔3个月要宣读本人习作一篇，题目任选。我们的辩论由社长主持，而且辩论应本着求真的精神进行，切忌争强好胜。不久之后，为了避免辩论过于激烈，我们又规定要禁止太过主观武断的表达，或是不留余地的反驳，违者将被处以少量罚金。

共读社最初的成员有：约瑟夫·布赖恩特纳尔（Joseph Breintnal），他为代书人做些抄写工作，是一个性情和善的中年人，酷爱诗歌，逢诗便读，有时自己也写一些，而且写得还不错。此外，他还能做出许多巧妙的小玩意儿，言谈颇有见地。

托马斯·戈弗雷，自学成才的数学家。他精通数学，后来发明了现在称作"哈德利（Hadley）象限仪"的仪器，但对于数学之外的东西知之甚少。

他不讨人喜欢，就像我认识的大多数大数学家一样，要求每一件事都要说得绝对精确，总是否定别人或是对细枝末节斤斤计较，妨碍整个辩论的进行。他不久就离开了社团。

尼古拉斯·斯卡尔（Nicholas Scull），土地测量员，后来成了总测量师。他热爱读书，有时也写几行诗。

威廉·帕森斯（William Parsons），鞋匠，但热爱阅读，学了不少数学知识，起初是为了搞占星术才学数学的，但后来他又嘲笑起占星术了。后来他也做了总测量师。

威廉·莫里奇（William Mangridge），细木工，也是技艺精湛的机械师，可靠、稳重、明达。

休·梅雷迪思，斯蒂芬·波茨，乔治·韦布，印刷所的这三个工人我之前已经讲过了。

罗伯特·格雷斯（Robert Grace），一个家境殷实的年轻绅士，慷慨大方，活泼幽默，喜欢双关语，对朋友们很好。

还有威廉·科尔曼（William Coleman），一个

年龄与我相仿的商店店员，他是我见过的头脑最冷静、心地最善良、品行最端正的人。后来他成了一位颇有名望的商人，也是我们那个地区的法官之一。我与他的友情历经四十载，一生从未间断过。我们的社团也差不多持续了40年，是那时本地区最好的科学、道德以及政治学校。因为我们在聚会时先宣读话题，一周后再进行讨论，这便使得我们平时围绕不同的主题专心阅读，才能在聚会上进行更有针对性的发言。而且，因为我们的社团拟定了各种避免产生冲突的规定，我们还养成了更好的交谈习惯。正因如此，我们的社团才延续了这么长时间。关于社团的事我以后还将多次提及。

我在此如此隆重地介绍这个社团，是为了告诉你，当时，每个成员都努力地为我们介绍生意，尤其是布赖恩特纳尔，他帮我们争取到了印刷贵格会史料的生意，我们印刷其中的40印张，剩下的则由凯默承印。这单生意我们做得极其辛苦，价格却非常低廉。它是一本大页面的对开本，正文用12点铅字，注释则用10点铅字。我每天排一印张，梅雷迪思负责印刷出来。等到我拆好版、把铅字归好位以备第二天使用时，往往已是夜里十一点了，甚至更晚，因为有时候其他朋友介绍来的零活也会延缓这项工作的进度。但我坚决要保证每天完成一印张。有天晚上，我已经装好了印版，满以为一天的工作终于结束了，不料却一不小心碰坏了其中一个，两页的铅字乱成一堆。我赶紧马上拆版，重新排好，然后才上床睡觉。我们的勤奋，邻居们有目共睹，因此我们的名誉和声望越来越好。这挺不容易的，尤其是有人跟我说，在商人们的夜夜俱乐部里，大家提到那所新开的印刷所时，都普遍认为它肯定会倒闭，毕竟费城已经有了凯默和布拉德福德这两家印刷所。但是，贝尔德（Baird）博士［多年后你我曾在他的故乡苏格兰的圣安德鲁斯（st. Andrew's）见到过他］却不这么认为。"因为那个富兰克林的勤奋，"他说，"是我从未见过的，他的同行肯定望尘莫及。我晚上从俱乐部回家时见他仍在工作，第二天一早他的邻居们都还没有起床他就又在干活了。"这番话给大家留下了很深的印象。此后不久，其中的一位商人就提议给我们提供文具，要我们代销，但我们当时还不打算做此类店铺生意。

我之所以这样直截了当地专门提及自己的勤勉，虽然看似自吹自擂，但其实，我是希望读到这儿的后人们见我因勤勉而获益时，能够意识到这一品德的可贵。

乔治·韦布交了女友，从她那里借钱跟凯默赎了自由身，打算来我们这里工作。那时我们还无法雇用他，但我却愚蠢地告诉了他一个秘密，说不久之后我打算办一份报纸，也许到时就可以给他点儿事做了。我告诉他，办报能够成功，是因为我觉得那时仅有布拉德福德印刷的那一份报纸。那份报纸一无是处，运营不善，内容枯燥无趣，却还是能够盈利，因此我想，一家优秀的报纸一定会取得成功。我要韦布替我保密，谁知他却告诉了凯默。凯默为了抢在我的前面，便立即公布了他自己的办报计划，还雇用了韦布来筹备。我对此怒火中烧，可是我自己又不能立即开始办报，于是，为了反击他们，我就为布拉德福德的报纸写了几篇题为《好事之徒》的调侃文章，后来布赖恩特纳尔又续写了几个月。这样一来，大家的注意力都被吸引到了布拉德福德的报纸上，而凯默的办报计划被我们轮番戏谑和嘲笑后，便无人问津了。不过，他还是办起了报纸，在长达9个月的时间里，订户至多也只有90人。后来，他将报纸廉价转让给了我，那时我早已做好了办报的准备，于是立即接手过来。没过几年，这份报纸就为我带来了丰厚的利润。

虽然这时我还在和梅雷迪思合伙经营，但我发现自己讲话时常用"我"，而非"我们"，这或许是因为印刷所的事务实际上主要是我在经营管理。梅雷迪思不会排字，印刷也不行，而且总是醉醺醺的。我的朋友常因我跟他合伙而替我感到惋惜，不过我还是尽力将工作做到最好。

我们的报纸一出版，就与宾夕法尼亚此前的任何一家报纸全然不同，不仅字体清晰，而且印刷精美。当时伯内特总督与马萨诸塞议会正起争执，我就此事发表的一些激烈评论引起了显要人物们的注意，一时间关于这份报纸及其发行者的事就被传开了。没过几周，这些显要人物都订阅了我们的报纸。

许多人也跟着他们一起成了我们的订户，订户数量不断增加，这是我会写点东西所带来的一个好处。另一个好处是：掌权者们见如今一个能写文章的人经营着报纸，那他们就可以比较方便地向这人提供些帮助和鼓励了。布拉德福德仍然在承印选票、法律文书以及其他一些公共材料。他印刷了一份议院给总督的正式决议，不仅印制粗劣而且错误百出。我们将之重新印刷，并将精美无误的印本给每个议员都寄了一份。他们当然能看出两者的差别，这件事提高了我们的朋友在议院的地位，最终议院投票决定，由我们负责来年的印刷工作。

这些议院的朋友中，我决不会忘记汉密尔顿先生。我此前提过他，他已从英国回来了，成为议员。他在这件事情上对我鼎力相助，之后的其他事情也帮了我不少忙，他一直都对我十分照顾。

大约在此时，弗农先生提醒我还欠他一笔债务，但并未催迫我归还。我写了一封坦诚的感谢信，恳请他再展缓一段时间，他答应了。后来我凑足了这笔钱，便立刻连本带利地还给了他，并且表达了我深深的谢意。如此一来，这个错误在某种程度上算是改正了。

此时，我却遇到了另一个麻烦，这是我万万没有想到的。我原以为梅雷迪思先生的父亲会支付我们印刷所的费用，现在他却只能先付100镑现金，但付过之后我们还欠商家100镑，人家等不及了，就起诉了我们。我们缴纳了保释金，但也知道如果无法及时筹到钱，不久之后法庭就会宣判执行。那我们对未来的美好憧憬就会破灭，因为届时将不得不卖掉印刷机和铅字还债，或许还只能以半价出售。

在此危急关头，我的两位挚友给予了莫大的帮助，他们的这番好意我没齿难忘。那时我没有主动求助于他们，他俩也互不相识，可他们却不约而同地先后找到我，主动提出，如果可行的话，愿意为我垫付独自经营印刷所所需的全部资金。他们不希望我与梅雷迪思继续合伙，因为他们说，常看见这家伙在街上喝得烂醉，在酒馆里玩些低俗的游戏，败坏了我们的名声。这两位朋友分别是威廉·科尔曼和罗伯特·格雷斯。我告诉他们，只要梅雷迪思父子还有可能履行合约，我就不能提议拆伙，因为我觉得他们父子俩过去帮了我不少忙，现在也还依旧在尽其所能地帮助我。不过，如果他们最终无力履约而导致我们不得不解除合伙关系的话，那时我就可以随意接受朋友们的帮助了。

这件事就这么搁置了一段时间。后来，我对梅雷迪思说："或许你父亲不满意你在我俩这门生意中所承担的角色，所以才不愿为我们预付这笔款项。要是你独自经营，他或许就愿意出钱了。若是如此，请对我直说，我会把全盘生意都留给你，我自己另立门户。"梅雷迪思回答说："不是这样的，我父亲确实是灰心了，但这是因为他真的无力支付，我也不愿让他再为此事烦恼。我知道自己不适合做印刷生意，我自小就干农活，30岁跑到城里来学习一个新的行当，这本身就是一件愚蠢的事情。我们许多威尔士人都准备去北卡罗来纳（North Carolina）定居，那儿的土地便宜，我也想与他们一块儿去，干我自己的老本行。你可以找些朋友来帮助你。假如你愿意承担印刷所的债务，归还我父亲所垫付的100镑，替我还清我个人的一些零星债款，再给我30镑和一副新马鞍，那么我就退出合伙关系，印刷所就全部归你所有。"我同意了他的提议，立即起草书面协议，双方签字盖章。我也满足了他的要求，不久他就到卡罗来纳去了。第二年，他从那里给我寄来两封长信，其中对卡罗来纳的气候、土壤、农业等情况做了精彩绝伦的介绍，他对这些事情非常在行。我将这两封信刊登在了报纸上，广受读者的欢迎。

他一走，我就去求助之前那两位朋友。因为我不愿意让人觉得我厚此薄彼，于是就向他们各借了一半，偿清了印刷所的债务，开始以自己的名义独自经营，并在报上刊登消息，公开宣布我们之前的合伙关系已彻底终止。我想这大概是1729年前后的事了。

大约就在这段时间，人们呼吁发行更多的纸币。当时宾夕法尼亚的纸币流通额仅有15000镑，而且这些纸币很快会被回收。富人们本来就反对发行纸币，更不同意增发纸币，担心这里的纸币将来会像在新英格兰那样贬值，从而损害到他们作为债权人的利益。我们在共读社探讨了这个问题。我赞成增发纸币，因为1723年首次发行的少量纸币促进了贸易往来，增加了就业机会，还为宾夕法尼亚吸引来了更多的居民。因为我发现原来的老房子都有人居住，而大量的新房子还在兴建。我清楚地记得，当年第一次来到费城，在街上边走边吃面包卷的时候，我看见在第二街和前街之间的胡桃街上，许多门上都还挂着"出租"的牌子，栗子街和其他街上也是如此。当时我还以为，费城的居民们正相继弃城而去呢。

我们的辩论使我对这个问题有了深入的了解，于是我匿名撰写了一篇文章并印制成册，书名为《纸币的性质和必要性》。这本小册子在平民百姓中受到了广泛的欢迎，但富人们却不喜欢，因为他们觉得这本册子为增发纸币这个话题造了势，而他们又找不到人来撰文反驳。于是，这件事的反对声就逐渐减弱了，最终，增加纸币发行的议案在议院中以多数票通过。我那些在议院中的朋友认为，我在一定程度上促成了此事，所以应该由我的印刷所来承印增发的纸币，作为对我的奖励。这单生意利润丰厚，对我帮助很大。这是我会写文章的又一好处。

随着时间的推移和人们的切身体验，纸币的好处愈发明显，所以，此事后来再也没什么争议了。后来，纸币发行量大增，很快就达到了55000镑，到了1739年更是增至80000镑。此后直至战争时期，纸币的发行一直在增加，最后高达350000镑。与此同时，宾夕法尼亚的商贸、建筑以及居民数量也在不断增长。不过我现在意识到，发行纸币也要有限度，超过限额可能会产生负面作用。

不久之后，在汉密尔顿先生的帮助下，我又承接了为纽卡斯尔印制纸币的生意。当时我认为这又是一宗赚钱的好生意。对于没有见过大世面的人来说，这样的小事看起来也很了不起。这些小生意极大地激励了我，给我带来了诸多好处。汉密尔顿先生还帮我争取了纽卡斯尔政府法律文书和选票的印刷权，这项业务此后一直由我负责，直至后来我不再做印刷生意为止。

我那时开了一家小文具店，出售各种各样的空白单据。由于得到了我的朋友布赖恩特纳尔的帮助，我们所售的单据是当地格式最为规范的。此外，文具店里还出售纸张、羊皮纸以及账簿等。我在伦敦时认识了一位名叫怀特马什（Whitemash）的优秀排字工，他如今也来到了我这里，此后一直与我一起勤勤恳恳地工作。另外，我还收了阿奎拉·罗斯的儿子做学徒。

这时候，我开始一笔一笔偿还开办印刷所时欠下的债务。为了维护自己作为一个商人的良好声誉，我不仅私底下行事谨慎，勤勉节约，面子上也尽力避免别人对我产生误会。我衣着朴素，从不去娱乐场所，也不去钓鱼或打猎。诚然，有时会因读书而暂时放下工作，但那只是偶一为之，而且也很低调，不至于被大家说闲话。为了表明我并不高高在上，有时我还会把在店里买好的纸张装在手推车上，然后推着走过大街小巷运回家里。这样一来，大家都认为我这个年轻人勤奋进取，还恪守信用，从不拖欠货款，所以进口文具商人都十分欢迎我的光顾。其他商人也要我帮他们代卖书籍，这些生意我都做得得心应手，事业一帆风顺。这时候，凯默的信誉和生意却是每况愈下，最后不得不卖掉了印刷所来还债，他后来去了巴巴多斯，在那里生活了几年，生活十分窘迫。

凯默的学徒大卫·哈里买下了他的设备，接手了他在费城的印刷所并重新开张。我在凯默那里工作时曾教过他。起初我还担心他会成为一个强有力的竞争对手，毕竟他有一些既有能力又有影响力的朋友。于是我提议与他合伙，被他轻蔑地拒绝了，不过也幸亏他没有答应我。哈里自视甚高，穿衣打扮一副绅士派头，生活奢侈，经常在外寻欢作乐，很快就被债务缠身，荒废了事业。这样一来，他的印刷所生意一落千丈，根本接不到什么活儿，于是他就步凯默的后尘，去了巴巴多斯，将印刷所也搬了过去。这个学徒在那儿把自己的前任老板雇来做了伙计，两人三天两头都在吵架。哈里一直走下坡路，最后被迫卖掉了铅字，回到了宾夕法尼亚务农。

那个买家继续雇用凯默，但几年之后，凯默就去世了。

现在除了老对手布拉德福德外，我在费城就没有其他竞争对手了。布拉德福德殷实富足，生活安逸，只偶尔雇些散工做一点零活，不是特别在意这门生意。但是，由于他掌管着邮局，人们便觉得他更有机会获得新闻消息，也认为他家报纸的广告效力比我的更好，因此他承接了大量广告业务，而且越来越多，给他带来了丰厚的利润，而这对我可就不利了。尽管我的确是通过邮局来寄送报纸的，但公众并不知情。那时，布拉德福德禁止邮差们为我送报，很不讲情理，所以我只好给邮差们行贿，让他们为我私下送报。布拉德福德这样做，让我有些怨恨他，认为他这么做太卑鄙了。所以，后来我接管邮局时，便尤为注意这样的事，确保自己不要像他当年那样做。

那段时间，我一直在戈弗雷家搭伙。他们一家与我一起合住，戈弗雷还占了我店铺的一侧做玻璃生意，不过他很少工作，总是痴迷于数学研究。戈弗雷夫人想撮合我和她一个亲戚的女儿，于是经常找机会让我们见面。后来我就正式向这个姑娘展开了追求，因为她的确非常不错。这姑娘的长辈们经常邀请我去他们家里吃饭，然后留下我们两人单独相处，好撮合我们。最后终于到了谈婚论嫁的时候，戈弗雷夫人替我们传达了彼此的条件。我告诉戈弗雷夫人，希望姑娘的嫁妆能还清我印刷所余下的债务，应该不超过一百镑。戈弗雷夫人传话说，姑娘的父母拿不出这么多钱。我说，他们可以抵押房屋来筹些贷款。过了几天，他们回话说不同意我们的婚事了。他们说向布拉德福德打听过，印刷生意不怎么赚钱，铅字磨损得很快，没多久就需要重新购置。他们还说凯默和哈里都已相继破产，我大概不久也会步他们的后尘。因此，他们不许我再去他们家，还把女儿关了起来。

他们是真的改变了态度，还是故意玩的计谋，我不得而知。或许他们觉得我与他们的女儿感情深厚，推测我们不会就此分手，认为我们会偷偷结婚，那时他们便可按照自己的意愿决定是否给嫁妆了。

我怀疑他们其实就是不想给嫁妆，于是气得便不再去找那姑娘了。后来戈弗雷夫人告诉我，说姑娘父母的态度有所缓和，希望我能回心转意。但我表明了自己的态度，告诉她我已决心不再与那家人来往。这可惹恼了戈弗雷夫妇。我们之间产生了分歧，于是他们就搬走了。整栋房子就只剩下我一个人，而我也决心不再招人合租了。

经此一事，我有了结婚的念头。我开始观察周围是否有合适的人选，还主动结识其他地方的姑娘。但不久我便发现，人们大都认为印刷生意不赚钱，所以我无法指望通过娶妻来获得一笔钱财，除非是娶个有钱但不合我意的女人。同时，年轻人难以压制的旺盛欲念常常使得我与路上偶遇的轻贱女人交欢，这种事不但花钱，还非常麻烦，还极有可能患上我最怕的那种疾病。不过谢天谢地，我并未染病。作为里德小姐家的邻居和老朋友，我一直与他们家有着友好的往来。从我当年寄宿在他们家的第一天起，他们就一直很尊重我。他们常常邀请我过去，和我商量他们家的一些事情，有时我也能帮得上些忙。我对里德小姐的不幸遭遇十分同情,她总是神情沮丧,郁郁寡欢,也甚少与人来往。我认为是自己在伦敦时的轻浮与负义才导致了她的遭遇,因此对于她如今的痛苦我应该负有很大责任。不过里德夫人很善良,总认为错更多的在她而不在我,因为在我去伦敦之前,是她阻止我们结婚,后来又在我走后劝说里德小姐另嫁他人。我和里德小姐旧情复燃了,但是如今我们也面对很大的困难。里德小姐之前的那段婚姻被认为是无效的,因为据说罗杰斯当时还有一个前妻,住在英格兰。可由于距离遥远,这件事并不容易得到证实。此外,我们还听说罗杰斯已不在人世,但这也同样难以确定。而且就算他真的去世了,他还留下了许多债务,债主们可能会要求他的继承人负责偿还。尽管面临诸多障碍,我和里德小姐还是勇往直前,在1730年9月1日这天结婚了。我们原先担心的事情一件也没发生。里德小姐的的确确是个忠诚的贤内助,她帮我照看店面,我们一起将生意经营得有声有色,也一直努力让对方幸福。由此,我也得以尽可能地改正了那个巨大的过错。

大概也是这时候,我们的共读社已不去酒馆聚会了,而是把地点改到了格雷斯先生家专门腾出的一间小屋子里。鉴于我们探讨问题时常常要参考一些书籍,我提议大家将自己的书都放在聚会的地方,方便随时查阅。而通过这样把书籍集中在一个共用的图书室里,我们就可以阅读其他成员的书籍,这就相当于我们每个人都拥有了这些书。大家都对这个提议表示赞同,于是就将自己能够拿得出手的书都搬来摆在了房间的一侧。虽然书籍的数量没有我们预期的那样多,可也派上了很大的用场。但是由于缺乏妥善的保管,共用图书这件事还是产生了一些麻烦。大约一年后,大家就将各自的书籍拿回家了。

这时,我开始着手实施我的第一个公益计划,也就是成立一个订阅制图书馆。我起草了提案,请我们的代书人布罗克登按正规格式进行审改完善。在共读社朋友们的帮助下,我们一开始就吸纳了50个会员。每个会员入会时缴纳40先令会费,以后再每年缴纳10先令,总共为期50年,这也是我们这个图书馆预期存续的年限。后来我们申领了执照，会员也增加到了100人。我们这可是北美订阅制图书馆之母啊！如今在北美，这样的图书馆数不胜数。而这种图书馆的存在本身就极有意义，此后也将不断发展壮大。这些图书馆丰富了美国人的谈话内涵，使得普通的商人、农民也如同其他国家的大多数绅士一样聪明睿智，或许还在一定程度上促使了广大殖民地人民坚决捍卫自己的权利。

第 5 章

办图书馆，锤炼美德

1784 年，在巴黎附近的帕西（Passy），我续写了下文。

我收到以上两封信已有一段时间了，但在此之前一直无暇顾及信中的要求。而且我想，要是在家动笔的话会更好一些，因为家里的资料能帮助我回忆往事，从而确定某些事情发生的确切时间。不过我归期未定，眼下又正好有少许空闲，那就努力回忆一下吧，将我能想起的内容记下来。如果有生之年我能够重返家园，那时我再来进行更正和完善。

我现在手头没有此前写的上半部稿件，不知我是否已经介绍过建立费城公共图书馆的事情。图书馆起初规模特别小，现如今已经扩大了许多。尽管我记得此前已经写到1730年前后创办图书馆的时期，但在此我还是从创办图书馆的事情写起。如果将来发现此前已经提过，到时再删除。

我在宾夕法尼亚开办图书馆时，波士顿以南的所有殖民地都没有像样的书店。纽约以及费城的印刷店也不过就是文具店而已，店里只卖些纸张、历书、民谣和一些普通的课本等，所以爱读书的人们只得从英国买书。共读社的每个成员都有一些书，我们那时已不在最初聚会的酒馆那里会面了，而是另找了一间房子。我提议每个人都把自己的书放在那个房间，如此一来，不仅可供我们在聚会讨论时查阅，而且还能成为一种公共福利，每个成员都可以把自己想读的书借回家去阅读。于是我们就这样做了，那时大家都很满意。

后来这个小图书室的益处越发明显，我便提议筹建一个公共的订阅制图书馆，让更多的人能够从书籍中受益。我拟了一个草案，制定了些必要的章程，然后请了精通于此的代书人查尔斯·布罗克登先生将之修订为正式的合同条款。根据合同规定，每个会员入会时都需缴纳一定数额的会员费，用于购买图书馆的首批书籍，此后再每年缴纳一次会费供图书馆增加藏书量。那时费城喜欢阅读的人寥寥无几，我们大多也都一贫如洗，因此费尽周折也只招了 50 个会员，以年轻商人居多。这些会员同意每人先付 40 先令入会费用于购书，此后就每年付 10 先令。靠着这笔微薄的资金，图书馆开张了。我们从国外买来了图书。图书馆每周开放一天，供会员前来借阅。借阅的会员需签署凭证，若是没有按期还书，则按书价双倍罚款。这种图书馆很快就显示出了其实用性，其他城镇和地区也纷纷效仿。图书馆还获得了一些捐赠，规模得以扩大，阅读也蔚然成风。那时没有其他娱乐方式分散人们的注意力，人们便越发热衷于读书。仅过了几年，外地人就发现，我们的人民普遍比其他国家同阶层的人有着更好的文化修养，也更睿智。

就在我们要签署上面提到的合同时（合同有效期为 50 年，将对我们自己及后人都具约束力），代书人布罗克登先生却说："虽然你们还很年轻，但你们却不大可能人人都活到合同期满的时候。"然而，我们当中有几个迄今还健在，不过那份合同几年之后就被一张特许状废除了，特许状授权合并团社并确保其能永久存续。

我在招揽会员时，遭到了不少反对和抵触，这使我很快就意识到：当一个实用的项目需要邻居的支持时，声称自己是该项目的发起人是不合适的，特别是当这个项目可能稍稍提升项目发起人在他人眼中的声誉时更是如此。因此，我尽量保持低调，说这是几个朋友的计划，他们请我多多宣传，把计划介绍给那些他们觉得爱好阅读的人。改用这个方法后，事情进展得比之前顺利多了。之后遇到类似情况时，我常借此做法取得成功。所以，在此真心地将这方法推荐给你们。牺牲眼前的小小虚荣却能在将来获得巨大的回报。如果一时难以确定应归功于谁，那些比你更为虚荣的人便会跳出来冒领功劳，到时人们即使是出于妒忌，也会为你主持公道，拔下冒领功劳者僭取来的羽毛，将声望还给其真正的主人。

这个图书馆成为我不断追求知识、提升自我的圣地。我每天都留出一两个小时在那里学习，获益匪浅，这便在某种程度上弥补了我没能如父亲所愿，接受高等教育的缺憾。除了阅读，我没有任何其他消遣，不去酒馆，不进赌场，也不到其他娱乐场所消磨时间。我仍然兢兢业业地工作，因为那时我必须如此，开印刷所欠下的债务还未偿清，家里的孩子也要准备上学了，我还得与那两家比我早在此地开业的印刷所竞争。即便我的生活条件日渐好转，但我依然保持着之前节俭的习惯。童年时期父亲对我的教诲中，有一句所罗门的箴言他常常反复提起："勤勉者必将效力于君王面前，决不会盲从于奸恶之间。"从那时起，我就认定勤勉是获得财富与功名的途径，并以此激励自己奋进。虽然我以前从没想过自己真的能够来到君王面前，不过后来这还真的发生了。我后来见过五个国王，甚至还有幸与一位丹麦（Denmark）国王同席进餐。

有一句英文谚语是这样说的："要想家业兴，妻言必当听。"我很幸运有这样一位愿意与我一同勤勉节约的夫人，她很乐意帮我打理生意，会折叠和装订小册子、照看店铺、为造纸商代购旧亚麻布，等等。我们没有雇用一个闲工，吃的都是家常便饭，用的都是廉价的家具。比如，很长一段时间我的早餐都只有面包和牛奶，没有茶，使用的餐具是两便士买来的陶碗和一把锡质汤匙。但需要注意的是，虽然我向来提倡节俭，但奢侈之风还是日渐渗透到了家中。有一天家人叫我吃早餐时，我发现餐具竟然是个瓷碗和银质汤匙！这是妻子瞒着我花了23先令买来的，一大笔钱呢！她没有为此辩解，只说是认为她的丈夫值得像邻居们那样，用上银匙和瓷碗。这是我们家第一次出现银质以及瓷质的餐具。之后几年，随着我们日渐富裕，这类餐具也逐渐增多，价值高达几百镑。

在宗教方面，我从小接受的是长老会的教育，但我难以理解该教派的一些教条，如上帝永恒的旨意、神的拣选、上帝的定罪等，另外还有一些教条我也存有质疑，于是我很早就不再参加他们的集会，而是把星期天作为学习的日子。可尽管如此，我也依然坚守着一些信仰,例如:我从未怀疑神的存在;从未怀疑是神创造了世界并按照他的旨意来治理它;从未怀疑对上帝最可悦纳的事是世人的友爱互助;从未怀疑我们的灵魂可以永恒;也相信终有一日神会审判每个人的行为并由此做出奖惩。我认为以上便是所有宗教的精髓,在我们这儿的所有教派中都可以找到这些信条。我对所有教派表示尊重,虽然程度不一。因为我发现,这些教派或多或少都夹杂了其他内容,完全不去激发、促进或是肯定高尚的品德,反而使人们疏远彼此,敌视对方。不过我仍然认为即使最糟糕的教派也能产生一些积极的影响。这种对所有教派的尊重,使我避免去发表一切可能让人对自己信仰产生怀疑的言论。我们这个地区的人口越来越多,需要不断建造更多的礼拜场所。这些场所通常以自愿捐赠的方式来集资修建。对此,不管是什么教派提出来的,我总是愿尽绵薄之力。

尽管我很少参加任何公共礼拜,但是我仍然认为,如果主持得当,那么这种礼拜是必要且有益的。我每年都定期捐赠一笔费用,支持费城唯一的长老会牧师以及他所主持的集会。他过去常以朋友的身份来拜访我，劝我参加他主持的礼拜。有时我会被他说服，有段时间还连续五个星期天都去做了礼拜。尽管我想利用礼拜天的空闲来读书，不过倘若他在我眼中是个优秀的牧师，也许我会继续去做礼拜的。但是他布道时，要么是进行宗教辩论，要么就是解说教派里奇怪的教条，在我看来，这一切都非常枯燥乏味，全然无益于教化。这种布道从不主张或宣扬任何道德伦理，他们的目的似乎就是把我们培养成长老会信徒，而非品德高尚的公民。

后来有一次，他把《新约·腓立比书》第四章中的一节内容拿来布道："最后，弟兄们，凡是真实的、正直的、公正的、纯洁的、可爱的、有美名的，若是有什么美德，若有什么可赞美的，你们都要加以思考。"我想基于此文布道，总不会不讲关于道德的内容吧，但遗憾的是，他的布道仅局限在使徒所指的五点上：虔守安息日；勤读《圣经》；按时做礼拜；分享圣餐；尊敬牧师。这些都称得上是善事，但却不是我从那段内容中所期望得到的教诲。我不再期望能从其他布道中获得我想要的那种道义宣扬，开始对这种礼拜感到厌恶，于是便不再去听他的布道了。在此之前，也就是1728年，我曾编了一本小小的祈祷书供我自己使用，名为《宗教信条与行为准则》。此时我又重新启用了这本祈祷书，不再去教堂参加公共礼拜了。我的行为或许会受到指责，但我并不在意，也不想为自己辩解，因为我目前是为了讲述事实，而非为我的行为辩白。

大约在这个时候，我构想了一个大胆而又艰巨的计划以让自己的德行臻于完美。我希望任何时候都能做正确的事。我要克服困难，不再犯错，不管这些错误是天性使然、积久成性还是交友不慎所致。我能分辨，或者我自以为能分辨是非对错，所以我真不明白，既然知道了对与错，为何不能一直坚持做对的事而避免错误呢。不过我很快就发现，这项任务比我想象的要困难得多。在我提防着不犯这个错误时，经常会意外地犯下另一个错误。陋习总能乘虚而入，习性较之理性而言往往占据上风。最后我得出了结论：仅仅相信完美的品德大有益处还不足以使我们免于犯错，坏的习惯必须坚决摒除，好的习惯必须加以培养，这样我们才能够始终如一地做正确的事。为了达到这个目标，我想到了一些方法，如下文所述：

我在读书时看到过各种各样关于美德的条目列举，我发现这些条目实在是太多了，而作者不同，同一条目下的概念也有不同的解释。举例来说，有人认为"节制"一词仅局限于饮食方面，但有些人则认为可以延伸开来指代一切自我管制，包括玩乐、饮食、癖好、激情等肉体或精神层面的所有欲望，甚至可以用于我们的贪婪与野心。为了明晰其义，我决定宁愿多设条目，少附概念，而不是反之，从而使得每个条目意义明确。我把那时自己认为是必要的或是想要做到的美德进行了总结，整理出了13种，每种都附有简短的说明解释我认为该词所蕴含的含义。

这13种美德及其含义为：

一、节制。遇食不求饱，饮酒不至醉。

二、缄默。言必益人益己，少做无聊闲谈。

三、秩序。物各有其位，事各有其时。

四、决心。当做之事下定决心，决意之事锲而不舍。

五、节俭。钱要花在益处，切莫挥霍。

六、勤勉。珍惜时光。只做有用之事，杜绝无用之举。

七、真诚。不可欺骗伤害他人。言行皆应守正不阿。

八、正直。不做损人之事，尽应尽之义务。

九、中庸。勿走极端，学会宽恕。

十、整洁。身体、衣物、住所皆要整洁。

十一、平静。不因琐事、常见事及难免之事而心神不宁。

十二、节欲。若非为了健康或传宗接代，应少行房事，不可纵欲，房事过度既伤身又不得安宁，有损清誉。

十三、谦卑。效仿耶稣和苏格拉底。

我想要把这些美德都养成习惯，所以我认为最好不要同时进行，因为那样容易分散注意力。一次只专注于一种比较好，在把一种美德培养成习惯后，再继续培养下一种，继而将这13种美德全部养成习惯。考虑到先前培养的某种美德或许有助于养成其他美德，于是我便将这些美德进行了以上的排序。首先是"节制"，节制可以使头脑更加清晰冷静。沉着冷静十分必要，这样才能时刻保持警惕来防范持续侵袭的旧习，抵制无尽的诱惑。一旦有了节制的习惯，想要养成第二种习惯"缄默"，就容易多了。在提升品德的同时，我还想学习更多知识。鉴于谈话时获得知识靠的是耳朵而非舌头，于是我希望改掉当时正在养成的喋喋不休、玩文弄字、爱开玩笑的坏习惯，这些习惯只会让我与轻浮之人为伍，因此，我将缄默排在第二位。我想这一习惯与第三种习惯（秩序）将会使我有更多时间来学习知识以及执行这一计划。第四是"决心"，只要有了决心，我就可以更加坚定地努力养成剩下的习惯了。之后的第五"节俭"与第六"勤勉"使我摆脱了负债，还为我创造了财富，让我得以自力更生，如此等等。这时我又想到，毕达哥拉斯（Pythagoras）在《金诗》中所建议的每日自省也是很有必要的。于是我想出了下面这个办法来自我监督。

我做了一本小册子,每种美德各占一页。每页用红墨水画成 7 列,每一列代表一周中的一天,每一列用一个字母来代表星期几。接着又用红墨水画上 13 条横线,分别在每行的开头标上每一种美德的首字母。在对应的格子里,我会记上一个小黑星号来代表那天自省之后发现的过失。

表格形式

节制						
食不过饱,饮不至醉。						
种类	日	一	二	三	四	五	六
节制							
缄默	*	*		*		*	*
秩序	*	*			*	*	
决心		*				*	
节俭		*				*	
勤勉			*				
真诚							
正直							
中庸							
整洁							

续表

种类	日	一	二	三	四	五	六
平静							
节欲							
谦卑							

我决心持续监督所列出的美德，每周只严格关注其中一项。于是，第一周我严防任何有违"节制"的行为，哪怕是极为细微的过失也不能容许，而对于其他美德只是每日照常反省记录。一周后，如果我能保持在标着"节制"的这一行里没有小黑星号，那我就认为自己已经养成了这一习惯，那么也许我就能大胆地扩大范围，开始养成下一个习惯，然后力争在接下来的一周里这两行都没有小黑星号。如此循序渐进，直至最后一条，那么13个星期就可以完成一次循环，一年可以重复四次。这就像是一个要为花园除草的人，并不会试图一次性清除所有杂草，因为这既不切实际也超出了他的能力。但是，他可以一次除一块地的草，除完第一块，再除第二块，最终全部清除干净。同样，我希望可以通过逐

一减少每行的小黑星号来见证自己在美德方面的进步,直到最终经过多遍练习后小册子能够干干净净没有小黑星号,那时我将多么高兴!

我摘录了艾迪生(Addison)的《卡托》中的一些句子,写在小册子上作为题词:

我坚信,我们之上必定存在神灵,
因为他创造的自然万物都在高呼,
我坚信,他必定喜爱美好的德行,
神灵所喜悦的就必定能得到幸福。

我还摘录了西塞罗(Cicero)的诗歌:

啊!哲学,人生的指南!
美德的探索者、恶习的驱逐者!
遵照你的教诲安然度过一天,
胜过在罪恶中不朽!

此外,我还摘录了《圣经·所罗门箴言书》中关于智慧和美德的内容：

> 右持寿考，左执富贵，
> 其道安乐，其径平康。
> （第3章，16、17两节）

我深信上帝是智慧之源，所以在获取智慧的途中理应也必得有上帝的指引和帮助。为此，我自己写了一篇小祷告，附在检查美德的表格之前，以便每日激励自己。

> 啊！万能的上帝！慷慨的天父！仁慈的向导！请赐予我智慧，让我发现自己真正的使命；请赋予我决心，让我践行智慧的指引；请接受我对您其他子民的真诚付出，将其作为您对我无限恩赐的唯一报答。

有时，我也使用汤姆逊（Thomson）的诗作为祷文：

光明与生命之父，至高无上的天主！

哦，教导我怎样为善，亲自教导我吧！

拯救我免于愚蠢、虚荣和谬误，

免于一切低级的追求！

请赐予我知识、安宁、至纯至善的灵魂！

请赐予我神圣、富足、无穷无尽的厚恩！

"秩序"这种美德要求我为自己的每件事务划分相应的完成时间，所以我的小册子上还有一页用于记录一天24小时作息的表格：

上午 朝问： 今日应做何益事？	5	起床，洗漱，向万能的上帝祷告；安排今日事宜，定下今日目标；继续学习；吃早餐。
	6	
	7	
	8	工作。
	9	
	10	
	11	

续表

	12	读书，查账，吃午餐。
	1	
中午	2	工作。
	3	
	4	
	5	
傍晚	6	物品归位，吃晚餐，音乐或交谈等娱乐。
	7	
	8	当日自省。
	9	
晚上 夕问：今日有何增益？	10	
	11	
	12	睡觉。
	1	
	2	
	3	
	4	

我开始实行这项自省计划，虽然偶有间断但也坚持了一段时间。我惊讶地发现自己的过错之多远

远超乎我的想象，但好在这些过错也在不断减少。一个周期结束后，我常常擦去表格上记录的旧记号以便开始下一次的记录。没过多久，小册子就擦破了不少洞，我只好不时重新制作。为了省去这个麻烦，我将表格和箴言写在了记事本的高级白板纸上。我用不易褪色的红墨水在纸板上画上线条，然后用黑色铅笔在这些红线上标出所犯的过错，这些标记用一块湿海绵就能轻松擦掉。之后一年的时间里我只完成了一个循环，而后几年里才又完成另一个，直到最后我彻底放弃了这个记录的习惯。因为那时我漂洋过海地出差办事，冗事缠身，不得不中断了记录。但是我总是把那本小册子带在身边。

在这个计划里，"秩序"这条给我带来了最大的困扰。我发现这对一个能够自由安排时间的人来说或许可行，譬如，印刷工就能做到。但要一个老板严格遵守计划就有点难，因为他需要与满世界的人做生意，经常得在人家方便的时候跟他谈生意。同时，我发现，有序摆放纸张等物品也非常困难。我之前没有这个习惯，又有着超强的记忆力，所以没觉得没有这个习惯会带来多大不便。因此，我为养成这一美德费尽了心力。这方面的过错使我很是苦恼，取得的进步微乎其微，还经常故态复萌。我几乎就要放弃努力，容许自己得过且过算了。这就像那个从我铁匠邻居那儿买斧子的人一样，他想要把整个斧身磨得像斧刃一样锃亮。铁匠同意了，只要那人帮忙转动磨刀轮，他就会给它磨得闪闪发亮。于是那人转起了磨轮，铁匠则用力把宽阔的斧身压在磨石上开始磨，磨轮转动得非常吃力。那人不时地从磨轮那边跑过来看斧子磨得怎么样了，最后他不想继续磨了，准备就这样把斧子拿走。铁匠说："别呀，继续，继续，我们很快就能磨亮了，你看现在只剩下一些斑点了。"那人说："没错，但我就喜欢有斑点的斧子。"我相信许多人都是如此，他们没有使用我所采取的那些方法，发现在某些方面想要破除旧习、养成好习惯太困难了，最后选择了放弃，说自己"就喜欢有斑点的斧子"。此外，一些看似很有道理的话会不时地暗示我："我在道德上这样对自己吹毛求疵可能太愚蠢了。""若是人们知道我如此苛求自己，会觉得我很荒谬吧。""完美的品格可能会招来妒忌与敌意，仁慈的人就应该允许自己有些缺点，以免朋友们自惭形秽。"

而实际却是，我发现自己无法养成保持"秩序"这个习惯。如今我的年纪大了，记忆力也不如从前了，很明显地感到自己在秩序方面的缺失。不过总的来说，虽然在这方面我从未达成自己原先雄心勃勃地想要达到的完美境界，甚至相差甚远，但是通过这些努力，我成了一个比之前更为优秀和幸福的人。正如那些想要通过临摹帖本练就完美书法的人一样，虽然他们从未达到自己想要的那种完美，但也通过那些努力写得了一手好字，逐渐变得更为美观、易读，那就是值得的。

或许我的后人们应当知道，他们的先辈，我，正是倚靠着上帝的庇佑和这点小小的技巧，一直幸福快乐地活到了此刻，79岁了，还在给自己写自传。虽然不知余生还会遭遇什么挫折，但那也是上帝的安排。如若真有什么不测，回想起昔日的快乐时光便也能安然接受了。一个人的身体一直都很健康，年老时也依然强健，应归功于他的节制；一个人早年境况顺遂，创造了财富，所学的知识使他后来成为有用的公民，还在博学之士中赢得了一定声誉，应归功于勤勉和节俭；一个人的祖国信任他，授予他光荣的职位，应归功于真诚和正直。尽管他还没有达到完美的品德境界，可在这些美德的整体影响下，他塑造了平和的性情，也让人乐于与他交谈，即使早已年迈也依然有人甚至是年轻人来与他为伴。因此，我希望我的后代中也有人愿意效仿，然后从中获益。

你们或许会发现，我的计划并非毫不涉及宗教，但其中却没有关于任何一个教派的特殊教义。我的确有意避开这些，因为我确信自己的方法很好，也非常实用，不管哪个教派的人都适用。我还打算在合适的时间出版这个计划，因而不愿使其包含可能使任何人、任何教派产生偏见的内容。我有意为每条美德写下简短的解释，以此来说明养成该美德的好处以及与之相反的恶习会带来的危害。我本打算将此书命名为《美德的艺术》，因为书中会讲解该怎样养成美德，而这就能有别于那些教人为善却不指明具体方法的空洞说教。那种做法就像使徒行传里写的口头善人，他们不向无衣可穿者和忍饥挨饿者指明如何获取或在何处可以获取衣服和食物，只是一味地空口劝诫他们应该吃饱穿暖。(《新约·雅各书》第2章，15-16节)

但我写作出版这本书的想法一直没有实现，不过我仍在不时做些简短的笔记，记录下有关培养这些美德的想法和推理等，以备日后写书使用，有些笔记我还带在身边呢。只是由于我早年需将精力放在私人事情上，后来又需要花精力去关注公共事务，所以只好耽搁了。我认为这是个宏伟的计划，需要投入全部精力来完成。可那些预料之外的工作总是接连不断，使我无法全身心投入此事，所以迄今仍然没有完成。

在这本自传中，我想有意解释并强调的一点是：仅从人的天性来说，恶行之所以有害，并不是因为被禁止才有害，而是因为恶行本身就有害，所以才被禁止。每一个追求美德的人，其实都是想在这个世上追求幸福，这是每个人的利益之所在。世界上有那么多富商、贵族、政客和亲王，他们需要忠实的助手来帮助他们管理事务，而具有这种品德的人又很稀缺。因此，我一直努力劝诫年轻人相信一个道理——最有助于穷人致富的品德，莫过于诚实和正直。

我最初只罗列了12种美德，但有位贵格会的朋友好意提醒了我，说大家普遍认为我有些自傲，这往往在我与人交谈时就显露了出来。讨论任何话题时，我并不满足于证明自己是对的，而且盛气凌人，甚至有点妄自尊大。对此他还举了几个例子让我信服。我下定决心，要像改正其他缺点那样，努力克服这个毛病，或者说这个愚行。于是我把"谦卑"加进了美德清单，并丰富了其内涵。

我不敢自夸在变得谦逊这方面我取得了多大的成功，不过看起来我的确改变了不少。我给自己立下了一条规矩，即克制自己，不要直接反驳他人的观点，也不要对自己的观点过于肯定。我甚至遵照共读社的老规定，禁止自己使用任何太过绝对的词语或表达方式，比如"必定""无疑"等，而是使用"我认为""我这么理解""我想事情是这样的"或者"目前在我看来似乎如此"这类的话。当有人对我的观点提出异议时，我不再唐突地反驳对方，立即指出对方观点中的悖理之处。虽然这种说话方式会使我感到畅快，但我放弃了这种做法，而是首先表明在某种情况下对方的观点是成立的，只不过在当下我觉得情况似乎有些不同，等等。我很快就发现了这种改变所带来的益处，我与人的交谈变得更加顺畅了。发表观点时的谦逊态度使得人们更乐于接受，也较少反驳。若是别人发现我的观点有误，也不至于那么尴尬；若我的观点恰巧正确，那就更容易劝服别人，与我达成一致了。

最初采用这种做法时，我觉得非常费劲，因为我的本能反应并非如此。不过后来就感觉容易多了，还成了我的一种习惯。或许在过去的50年里，没人听我随口说过一句专横武断的话。年轻时，每当我提出新议案或是呼吁改革旧体制时，总能受到市民们的重视。后来成为公共理事会的一员之后，也在其中有着重要的影响力，这一切除了得益于我诚实正直的品格外，应主要归功于这种谦逊的说话方式。我不善辞令，更称不上能言善辩，讲话也常是磕磕绊绊地语病频出，但是我一般都能说服别人接受我的观点。

实际上，人类最难克服的天性恐怕就属傲慢了。我们将掩饰它，与它斗争，把它打倒扼杀，竭尽所能地去抑制它，可它却依然存在，不时地冒出来耀武扬威一番。或许，你在这本自传中也常常会看到它的身影。就算我自认为已经完全克服了傲慢的毛病，但是很可能又要因自己的谦逊而生出傲慢了。

1788年8月，我打算在家中续写自传。本以为能够借助笔记来帮助回忆，可是许多笔记都在战争中遗失了，不过，我还是找到了以下这些内容。

我提到过我曾酝酿着一个宏伟而深远的计划，似乎应当在此对它进行一下介绍。这个计划的雏形记录在一张小纸片上，而这张纸片恰巧保存了下来。内容如下：

1731年5月19日于图书馆，读史有感：

世界上的重大事件、战争、革命，等等，皆由各政党推动并受其影响。

党派的诉求是他们当前的普遍利益，或者他们认为的利益所在。

所有的纷争皆由党派之间的不同观点所致。

当一个党派在推动一个总体规划时，每个成员都会想着各自的私利。

一旦一个党派完成了其总体目标，每个成员便一心只求自己的私利。这些私利错综复杂，相互妨碍，最终导致党派分崩离析，引起更多的混乱。

不管政客如何伪装，很少有人仅仅只为了国家利益来行事。即便那些行为的确使国家受益，但也是出于私人利益与国家利益的共存关系，而非出于他们的仁慈之心。

在公共事务中，真正为了人类的福祉而行事的人更是少之又少。

我觉得目前很有必要筹建一个美德联合党，

即将各国有德行而又善良的人们组织成一个正规的团体,以明智合理的规章进行管理。与遵守普通法律的普通人相比,这些善良明智之士或许能够更好地遵守这些条约。

我现在认为,任何人只要能以正确的方式建立起这个美德联合党,必能获得上帝的眷顾,从而获得成功。

这个计划一直盘旋在我脑海中,我准备等日后有了足够的空闲就着手去实现。我不时地在纸上记下那些与它有关的想法,遗憾的是这些笔记大多已经遗失了。不过我找到了一份原打算作为信条的资料,其中包含了我当时认为的各个教派的精髓,同时还规避了任何可能引起其他教派反感的内容。内容如下:

> 必有那创造万物的神。
> 神以其旨意主宰世间。

> 人们应敬神以崇拜、以祈祷、以感恩。
> 但神最喜见的,
> 乃是与人为善。
> 灵魂不朽,
> 终有一日,
> 神定会惩恶扬善。

我那时认为,这个教派应首先在单身青年中创立并发扬光大。每个新成员不仅要声明认同教义,而且要践行此前介绍的 13 周美德计划来自查和实践。教派成员不可对外泄露教派信息,直至教派发展至相当规模为止,禁止品行不端者入教。不过,每个教派成员都应在熟人中挑选那些真诚向善的年轻人,审慎地逐步向他们介绍这一计划。教派成员应相互劝勉、相互扶持、彼此增益,推动事业发展,促使人生进步。为了与其他组织区分开来,我们将该教派命名为"自由幸福社"。这里的"自由",指的是通过践行美德养成良习,从恶习中解放出来获得自由,尤其指通过勤勉节约,从债务中解放出来。

人们一旦负债就会受到约束，就会为债权人所奴役。

关于这个计划，我现在只能记得这么多了。另外，我曾把大致的计划跟两个年轻人提起过，他们对此满怀热情。不过我当时处境窘迫，需将全部精力放在生意上，只得推迟实施该计划，后来又因各种公私事务一拖再拖。直至最后，我再也没有那份热忱与精力来推行此事，只得作罢。不过我仍然认为该计划切实可行，可以培养许多优秀公民，这是一件非常有益的事。这项任务看起来非常艰巨，不过我绝不会因为任务艰巨而气馁。我一直认为，一个能力尚可的人只要首先做好计划，然后杜绝消遣活动和其他分散注意力之事，将该计划作为他唯一的学习和工作，就可以在人类中促成大变革，成就大伟业。

第 6 章

热心公益,初入仕途

1732 年,我以理查德·桑德斯(Richard Saunders)为笔名,首次出版了我写的《年鉴》,这本书一直续编了大约 25 年,人们通常称之为《穷人理查德年鉴》。我竭力使之既有趣又具教育意义,所以那时这书颇受欢迎,每年销售近万册,为此我获利颇丰。我留意到许多人都在阅读此书,在本地区几乎人手一本。于是我想到可以借助这本书来教导普通大众,因为他们几乎不买其他书籍。因此,我在年鉴里重要日子间的空白处写满了谚语箴言,内容主要是勤勉节俭可发财致富,从而养成美德之类的话。之所以强调致富,是因为对于一个穷人来说,始终诚实行事是更为困难的,正如谚语所言——空袋难立直。

这些谚语凝聚了许多国家从古至今的智慧。我把它们整合在一起,以一位智叟在拍卖市场演讲的方式,编成了一篇前后连贯的演讲词,并放在1757年《年鉴》的卷首。这些原先分散的谚语如此汇聚之后,给人们留下了更为深刻的印象。这一做法广受欢迎,美洲的所有报纸都纷纷转载。在英国,人们把这些谚语印成海报,然后贴在家中。甚至还出现了两个法语译本。很多牧师和乡绅大量购买此书,免费发放给贫穷的教友和佃户。《年鉴》出版之后的这几年,因为书中反对人们将钱财浪费在购买外国奢侈品上,宾夕法尼亚市场上的货币持续增加,于是有人便认为此书对本地财富的增长产生了积极影响。

我也将自己发行的报纸作为传播教育的又一种工具。因此我经常在报纸上转载《旁观者》和其他有关伦理道德的文章,有时也发表一些自己写的小文章。我的这些文章起初是为了在共读社宣读而撰写的，其中一篇以苏格拉底的对话体写成，意在证明一个品德败坏的人即使能力出众，也算不上是贤明之士。还有一篇关于克己的文章，用以表明只有将美德形成习惯且不再受到与之相反行为的影响时，一个人才算是养成了那种美德。这些文章刊印在1735年年初前后的报纸上。

我在办报的过程中格外谨慎，绝不刊登带有诽谤以及人身攻击意味的文章。近年来，正是这种文章使我们国家蒙羞。有些人要我刊登这类文章时，总是打着出版自由的旗号，声称报纸就像驿站的马车，只要花钱买票就应有权入座。对此，我的回答是，如果想印这些文章，我可以帮他们另行印刷，多少份都可以，印好之后由他们自己去散发，但我不会承担散播他们的诽谤之责。况且，我与订户们签有协议，承诺为他们提供有益或是有趣的文章，而不是刊登这些他们毫无兴趣的私人纷争，这对他们而言显然是不公平的。如今，我们有许多印刷商为了满足某些人的险恶用心，毫无顾忌地抹黑一些正直之士，加剧双方的敌意，甚至引起决斗。更有甚者，竟还轻率地刊印一些诽谤的文章来污蔑邻近地区的政府，甚至还恶意中伤我们最好的盟友，这很可能会导致极其严重的后果。我之所以提到这些，是为了劝诫年轻的出版商们不要做这种不光彩的事，这不仅会玷污你的刊物，还会使印刷业蒙羞。相反，应该坚决杜绝这类行为，这从我的例子就可看出。总的来说，拒绝这种行径其实更符合长远利益。

1733年，我派了店里的一名印刷工去南卡罗来纳的查尔斯顿，因为当时那里需要一家印刷所。我为他提供了一台印刷机和一些铅字，并和他签下合伙协议。按照协议，我将负担印刷所三分之一的开支，同时分得三分之一的利润。那名印刷工是个有学问的人，为人诚实，但是不懂账务，所以尽管他不时地给我汇款，但却从未向我呈报过账目。他在世时，我也没有收到过任何令人满意的合伙情况报告。他去世后，印刷所由其妻子继续经营。他的妻子是荷兰人，据说那里的女性都会学习财务知识。她不仅为我寄来了一份已经尽可能清晰的过往收支报表，而且之后每个季度都会寄来非常正规、精确的报表。她把印刷所经营得很成功，不仅将孩子们抚养长大，而且都教育得很好，在合同期满时还从我手里买下了印刷所，交给儿子打理。

我之所以提及此事，主要是为了提倡年轻女性学些财务知识。万一丈夫不幸去世，对自身以及孩子们而言，财务知识应该会比音乐或舞蹈更派得上用场。既能免受奸诈之徒的蒙骗，或许还能继续经营已有固定生意往来的店铺，直至孩子长大成人接管生意，从而使家族持久地兴旺下去。

大约在1734年，一位名叫亨普希尔（Hemphill）的年轻长老会牧师从爱尔兰来到了我们这儿。他布道的声音非常好听，一些看似即兴的演讲也非常精彩，吸引了许多不同教派的人前来聆听，赢得了大家的一致好评。我也像许多人一样，经常去听他的演讲。我喜欢听他的布道，因为他很少说那些刻板的教条，而是积极主张大家践行美德，也就是宗教用语中的行善，但有些自诩为长老会正统的人却对他的观点表示反对。许多年长的牧师也反对他，还在宗教会议上控告他宣扬异端邪说，让他停止传教。

我成了他积极的拥护者，竭尽所能地成立了一个组织来支持他，大家抱着获胜的决心为他抗争了一段时间，双方还就此事撰写文章相互驳斥。那时我就发现，亨普希尔虽然布道时妙语连珠，但文笔却有些拙劣。我代他写了两三本小册子，还写了一篇文章发表在1735年4月的《公报》上。这些小册子如同其他颇有争议的文章一样风靡一时，不过很快就淡出了人们的视线，现在或许一本都找不到了。

双方争论期间，一件不走运的事情给亨普希尔的事业带来了重创。对方有人听过亨普希尔的一次颇受推崇的布道，那人觉得布道的内容似曾相识，或者至少应是在哪里读过其中的一部分。于是他到处找寻出处，最终发现那场布道出自《英国评论》上的一篇文章，是从福斯特（Foster）博士的演讲中引用的。这就使得我们这一派的许多人产生了反感，从而不再继续支持他传教，这就加速了我们在宗教会议上的溃败。不过，我仍然对他不离不弃，因为我更愿意听他向我们宣读他人创作的优秀布道文，也不愿听他读他自己写的那些拙劣文章，尽管自己写布道词本应是普通牧师的常规做法。后来他向我坦言，其实没有一篇布道文是他自己写的，还说自己记忆力惊人，能够一览成诵。我们失败后，他就离开我们到别的地方碰运气去了。我退出了集会，后来再也没有参与过，不过多年来我一直资助着该会的牧师们。

1733年，我开始学习外语，我很快就掌握了法语，能够轻松阅读法语书籍，之后又学了意大利语。我的一个朋友当时也在学习意大利语，他经常拉着我一起下棋。我发现下棋占用了太多学习的时间，所以最终决定不再下棋了。除非他能答应我，每盘棋的赢家都有权给输家布置一项任务，或是背诵语法知识，或是完成翻译练习，等等，输家必须保证要在下次见面前完成任务。我们棋艺相当，于是两人在对方的督促下都学会了意大利语。我后来还颇费工夫地学习了西班牙语，最终达到了可以阅读西班牙语原著的水平。

我此前提到过，我仅在拉丁文学校学习了一年，而且那时我年纪还非常小，所以后来就把这门语言忘得一干二净了。不过，在我掌握了法语、意大利语和西班牙语之后，我惊喜地发现，在翻阅拉丁语版《新约全书》时，我认识的拉丁语比我想象的要多得多，受此激励我又重新学习拉丁语。之前学习的其他语言为我学习拉丁语打下了基础，所以当时拉丁语也学得卓有成效。

由此看来，我认为我们教授外语的普遍模式不太合理。人们说，最好先学习拉丁语，掌握拉丁语之后，再学习由其衍生出的现代语言将会更为容易。但我们也并没有为了使学习拉丁语容易一些而先去学那更为悠久的希腊语啊。诚然，如果你能舍弃台阶直达顶端，那么再走下来会非常轻松；但可以肯定的是，如果由最低一级台阶拾级而上，爬到楼顶就会更轻松。许多人首先学习拉丁语，多年之后仍然没有大的进展，后来只好放弃了这门语言，所学的知识几乎全无用途，白白浪费了光阴。因此，我想建议那些主管年轻一代教育的官员考虑这个问题：让年轻人先学法语，然后学习意大利语等，是不是更好呢？很多人从拉丁语开始学习，花费了几年时间但没有什么进步之后就放弃了,所学的那点东西也没啥用,时间也浪费了。如果先学法语,然后学意大利语,花费同等的时间后,即便他们不再学习这两门外语,也从未学成拉丁语,但那时他们也已掌握了一两门实用的现代语言,在日常生活中更有用武之地。

我离开波士顿已有十年之久,经济也较为宽裕了,于是便启程回去探望亲友,此前我无力承担这样的费用。在回程途中,我到新港看望了我哥哥,那时他在那儿开印刷所并在那里安了家。我们早已尽释前嫌,见面时只觉浓浓的兄弟深情倍感亲切。我哥哥的身体健康大不如前,他觉得自己已经时日无多了,于是便恳请我,万一他去世了,将他那年仅十岁的儿子带回家抚养成人,让他儿子学做印刷。我答应了哥哥的请求,先将侄子送进学校学习了几年,然后教他做印刷。在他成人之前,一直由他的母亲经营着他们家的印刷所。后来他接管印刷所时,他父亲以前使用的铅字已经非常破旧了,于是我送了他一套新的。如此一来,我也算是较好地弥补了当年违背合约，过早离开我哥哥的过失。

1736年，我一个4岁的儿子，因感染天花夭折了。他是个非常可爱的小男孩，这让我懊悔了很长时间，直至现在也后悔当初没有给他接种疫苗。我之所以提及此事，是为了提醒那些忽略给孩子接种疫苗的父母，若是孩子因此而不幸夭折，那这些父母将永远无法原谅自己。我的亲身经历可以说明，如果接种疫苗与否都有可能带来危害，那么应该两相权衡后做出相对安全的选择。

共读社的成员们都觉得我们的社团让大家受益良多，都非常满意。好几位想要介绍他们的朋友加入，可是这样一来成员人数就会超过我们此前设定的12人的上限。从一开始，我们就说好不公开这个社团，我们也对此信守不渝。之所以这么做，是为了避免不合适的人申请加入进来，而且有些人我们还会很难拒绝。有几个人反对增加共读社的人数，我也是其中之一，但我以书面形式提议，每个成员都应分别去筹建一个下属分社，图书查阅方式与总社相同，但对分社与共读社的关系要守口如瓶。这个提议具有以下优点:越来越多的年轻市民可以通过我们的组织来提升自己;我们能够更好地知晓普通居民们对问题的看法,因为共读社成员可以在分社中提出我们想要探讨的问题,然后通过分社的反馈来让会员们得知其讨论的情况;我们可以借助更为广泛的推荐来增益彼此的事业;我们还可以扩大自己在公共事务中的影响,通过向分社传播共读社的观点来增强我们行善的力量。

这个提议得到了认同,每个成员都开始着手成立分社,但不是个个都取得了成功。我们最终只成立了五六个分社,各个分社的名称不尽相同,有藤社、联合社、群社等。这些分社不仅对社员自身有益,而且还为我们带来了许多乐趣,提供了不少信息和指导意见。此外,还很大程度地满足了我们先前的期望,在某些特殊事件上影响了公众的舆论。关于这一点,我将按照时间顺序举一些例子。

1736年,我获得了生平第一次提拔——当选区议会书记员。区议会书记员像议员一样,一年一选。我那年当选没有任何反对的声音,但次年被再次提名的时候，一个新议员为了支持另一个候选人，做了一番长篇大论的演讲来反对我。但最终我还是当选了，这让我更加高兴了，因为我除了可以得到这一职位的薪金，还可以有机会增强自己在议员中的影响力，从而得以承接印刷选票、法律规章、纸币以及其他零散的公共业务。总体而言，这些业务的利润是很可观的。

因此，我不希望这位新议员对我不满。这位绅士财力雄厚，受过良好的教育，并且才能出众，假以时日，他很可能会在议院中产生巨大的影响力，后来证明的确如此。不过，我并不打算为了赢得他的好感而巴结他，而是在一段时间以后采取了另外一种方法。我听说他的藏书里有一部稀世珍本，于是便给他写了一张纸条，称我想阅读那本书，问他能否把书借给我几天。他很快就把书给我了，大约一周后我还给了他，又附加了另一张纸条来表示自己深深的谢意。我们再次在议院见面时，他主动开口与我说话（此前从未如此），而且态度彬彬有礼。在这之后，他在任何场合都很乐意帮助我，我们此后一直都是非常要好的朋友。这个例子再次印证了我学过的一句古老格言:"施人之惠者,愿续其善;受己之恩者,难再回赠。"这件事还证明,比起憎恨、报复或是耿耿于怀,小心谨慎地去化解恩怨更为有益。

1737年,原弗吉尼亚总督、时任邮政局长斯波茨伍德上校,因不满其费城代办疏忽职守、账目不清而将其革职,并让我接任,我欣然接受了这一任命。后来我发现这个职位虽然薪水微薄,但却益处颇多。这一职位方便联络,帮助改进了我的报纸,报纸的需求量和广告量不断增加,为我带来了丰厚的收入。此时,我那位老竞争对手的报纸发行量相应下降,我对此很是满意。尽管他担任邮政局长时禁止邮差为我送报,但我并未报复他。后来,他因疏于记账而遭受了巨大的损失。我提到此事是为了劝诫那些为他人管理事务的年轻人,一定要按时并清晰地报告账目,并上缴款项。若能信守这一准则,无论是寻找新工作还是拓展新业务,这一品质都会是最为有力的推荐信。

我现在开始有点关注公共事务了，但我是从小事着手的。我觉得亟须整顿的第一件事情就是费城的巡夜问题，这项工作由各区的治安官轮流负责。治安官会通知一些居民夜里与自己一同巡夜，那些不愿去的人每年支付6先令给治安官就可以免差。这笔钱本应用来雇人替他们巡夜，但实际上远超所需，于是治安官这个工作便成了一项肥缺。治安官们常常只需要买点酒就能让一些乌合之众与他们一同巡夜，那些体面人家可不愿与这些人为伍。同时，他们晚上大部分时间都在喝酒，常把巡夜任务抛在脑后。我就此写了一篇文章，在共读社里宣读，批判这些不正当的行为，并且着重强调治安官收取6先令的做法有失公允，因为每个家庭的家境并不相同。一个贫苦孀妇需要倚靠巡夜来保护的所有财产，也许加在一起都不超过50镑，却要和有着价值数千镑货物的富商支付同样的巡夜费用。我从整体考虑，提出了一个更为有效的巡夜办法：雇用合适的人来长期负责巡夜。至于雇用的费用，我也想到了一个更为公平的方法，那就是根据各家的财产比例收税，用于支付巡夜人的薪资。共读社的成员都赞同这个提议，并把提议传达到了其他分社，但要当作是分社自己提出的计划。尽管这个计划没有立即执行，但却使得人们对这项变革做好了思想准备，为数年之后颁布这项条文铺平了道路，那时共读社和分社的成员们已经拥有了更大的影响力。

大约就在这时候，我写了一篇文章，最初是写来在共读社宣读的，后来发表了。这篇文章讲的是那些酿成火灾的各种意外和疏忽，以及预防火灾的注意事项与方法途径。这篇文章被人们广为认可，很快就促成了专门成立一个消防组织的计划，以便发生火灾时能迅速地扑灭大火，邻里之间可以互相帮助，将家中货物搬离现场并妥善保管。不久就有30名成员愿意加入这个组织。我们的协议规定，每名成员都应储备一些实用的皮水桶、结实的袋子和筐子，好用来打包和搬运物品，这些装备应有序放置，只要发生火灾就可拿去使用。我们同意每月聚会一次，讨论交流有关防火的知识，这些知识在发生火灾时或许能派得上用场。

这个组织很快就发挥了作用，有更多的人想要加入进来。不过我们觉得一个组织成员太多不便管理，于是建议他们另外成立一个消防队。就这样，一个又一个消防队不断建立起来，数目众多，大部分拥有房产的居民都成了消防队的成员。到写这本书时，距那第一个由我组织的"联合消防队"成立已有50个年头了，那个消防队迄今仍在，并且还在蓬勃发展，尽管除了我和一个长我一岁的人外，其余的第一批成员都已离世了。当初每月聚会时，不能出席的成员需缴纳少量罚款，这些罚款已用于为消防队购买消防车、云梯、消防钩以及其他实用的消防器械。我猜想世界上大概没有其他城市能比费城更为迅速地扑灭一场初起的大火了。事实上，自从费城有了这些消防组织，城里从没发生过烧毁两间房子以上的大火灾，通常情况下，起火的房屋还未烧到一半，火就被扑灭了。

1739年，从爱尔兰来了一个有名的巡回牧师——怀特菲尔德（Whitefield）先生。起初他获准在我们这儿的一些教堂布道，不过神职人员都不喜欢他，没多久就不让他进教堂了，于是他只好到露天场地上布道。前去听他布道的人来自各个教派，人数之多，真可谓人山人海。我也是听众之一，让我费解的是，尽管他经常辱骂听众，使得听众确信他们生来就是半兽半魔的坏蛋，但是他的演讲仍然对听众们有着超常的影响力，听众们对他还是佩服得五体投地。不可思议的是，居民们的行为举止很快就发生了变化。以前他们不怎么信教，觉得宗教无所谓，可是现在，似乎全世界都是虔诚的教徒。若是晚上在城里各处走一走，肯定能听到每家每户都在唱赞美诗。

露天集会很不方便，经常受到恶劣天气的影响。于是很快就有人提议建造一座聚会用的房屋，并指定了人员去负责募捐，没多久就筹足了购买地皮以及建造房屋的款项。要修的这座房子长100英尺（1英尺=0.3048米），宽70英尺，大小堪比威斯敏斯特（Westminster）教堂。人们满怀激情地开始动工，远未到预定期限，工程就完工了。房子和场地都归受托人管理，并明文规定，无论哪个教派的牧师都可以在这里为费城人民布道，因为这里并非单独为某一教派所建，而是为了费城的所有居民。即使君士坦丁堡（Constantinople）的穆夫提（Mufti）①要派传教士来向我们宣传伊斯兰教，也有讲坛可供他使用。

怀特菲尔德先生离开费城后，一路沿途布道，经过了多个殖民地，最后到达了佐治亚（Georigia）。那里最近才开始有移民定居，可到那儿的移民并非吃苦耐劳、勤勤恳恳、熟习劳作的农民，而是些拖家带口的破产商人和负债者，大多是些从牢狱出来的懒散之徒。因而这些人到了那片荒岭之后，既不懂如何开垦土地，也无法忍受艰苦的环境，结果就大量死去，留下许多孤苦无依的儿童。他们的悲惨遭遇触动了怀特菲尔德先生，他想要在那里建一所孤儿院来抚养和教育这些孩子。于是，返回北方后，他极力宣传这一慈善计划，筹得了大量善款。他能言善辩，似乎有着某种魔力能让听众心悦诚服地慷慨施援，我也不例外。

---

① 穆夫提是伊斯兰教教职称谓，即教法说明官。——译者注

我并非不赞成怀特菲尔德先生的计划，只是当时佐治亚缺少材料和工匠。有人提议可花重金将这些从费城运送过去，而我则觉得把孤儿院建在费城，将孩子们接来这里更好。我向怀特菲尔德先生表明了我的想法，不过他执意实施他最初的计划，没有接受我的建议，于是我就拒绝捐款了。没过多久，我恰巧去听他布道，我知道他打算在结束时进行募捐，所以暗下决心，一分钱也不给他。我当时口袋里有一把铜币、三四个银币和5个金币。他一开口我便开始动摇了，决定把铜板给他；后来，他讲得那么动人，让我觉得只捐铜币太小气了，又决定把银币也捐出去；布道快结束时，他讲得实在太好了，我就把身上所有的钱，包括金币都统统放进了募捐箱中。我们共读社还有一名成员也来聆听布道，在佐治亚建孤儿院这个问题上他与我观点一致。他猜到布道结束时会有募捐活动，所以出门的时候一分钱没带，以免自己动摇。然而布道快要结束时，他太想捐点钱了，就向站在他旁边的邻居借钱去捐款。不巧的是，他借钱的对象或许是全场唯一一个意志坚定不为布道者所动的人。这个人回答说："霍普金森（Hopkinson）兄弟，若是在其他任何时候，你借多少钱我都会给你，但是现在不行，因为你似乎已经昏头了。"

怀特菲尔德先生的一些反对者宣称他会将募捐所得据为己有，但我当时常常替他印刷布道文、日记之类，与他交往密切，对他的正直毫不怀疑，至今我仍然坚定地认为他是个毋庸置疑的实诚人。我想，我对他的这份认可应该更有说服力，因为我们不属于同一教派。的确，他有时祈祷我能皈依，但却从不指望这一祷告会成真。我们两人乃君子之交，彼此一生都以诚相待。

以下的事情可以说明我们之间的交情。有一次他从英格兰来到了波士顿，写信给我说他不久要来费城，但不知到时可以住在何处，他以前借宿的老朋友贝内泽（Benezet）先生家已经搬到德国城去了。我答复道："你知道我家住哪儿的，如若不嫌弃，我非常欢迎你到我家来住。"他回信说，如果我看在基督的份上，好心为他提供帮助，我必定会有好报。我复信说:"别误会,我并非是看在基督的分上,而是看在你的分上。"我们都认识的一位朋友打趣道:"圣徒们都有这个习惯,在得到任何帮助时,都把这份人情从自己肩上卸下来放到天上去,而你却偏要将它们固定在地上。"

我最后一次看到怀特菲尔德先生是在伦敦,当时,他向我征询孤儿院改造的意见,他想将其改建为一所学校。

他声音洪亮,吐字清晰,哪怕听者众多,只要大家都鸦雀无声,即便离他很远也能听清他的演讲。有一天晚上,他站在法院门前最高一级台阶上布道,法院位于市场街中段与第二街西段的十字路口。两条街都被听众挤得水泄不通,直至很远都还站满了人。当时我站在市场街最后面的人群里,很是好奇他的声音到底能传多远,于是就沿着河边的方向一直往后退,直到前街不远处他的演讲都还清晰可辨。最后到前街时,街上的嘈杂声才盖过了他的声音。当时我就想:若是以他与我的距离为半径画一个半圆,半圆里站满了听众,假设每人占地 2 平方英尺,那么至少有3万人能听清他的演讲。报纸上曾报道他在露天场地里为25000人做过布道，历史上也有记载将军面向全军演讲，我以前对此有所怀疑，直到那时才相信。

由于经常听他布道，我已能够轻松地区分出他新近创作的布道文和他在旅途中多次演说的那些布道文。由于经常重复，那些多次演说的布道文得以不断完善，演讲时字正腔圆，声音抑扬顿挫，堪称完美。即便一个人对他所讲的主题不感兴趣，也会情不自禁地被他的演讲所打动，如同聆听悦耳的音乐一般舒畅。这是巡回传教士较之于有固定场所的传教士的优势，固定在一处传教的不能反复使用同样的布道文，因而也就无法进行改善。

可是他的文章和出版物却不时授人以柄。若是在布道的时候由于大意说错了话，甚至发表了错误的观点，之后还可以进行解释，或是以其上下文来进行修饰，或是矢口否认，可是，白纸黑字却是长久留存、抵赖不得的。批评者们激烈地抨击他的文章，这些人表面看似义正词严，目的却是减少他的信众，防止人数继续增加。我认为他若从未写过文章，或许他会留下一个信徒众多、地位甚高的教派，而且他的声誉甚至会在他离世之后也依然名扬四海。毕竟没有留下文章，别人自然无法加以责难，也就无法贬低他的人格。他的信徒们便会基于对他的热烈膜拜，将他塑造成他们想象中的形象，为他赋予更多的优秀品质。

我的生意规模不断扩大，生活条件也日益舒适。有段时间，宾夕法尼亚及其邻近地区只有我这一家报社，于是我的报纸就为我带来了丰厚的利润。这让我切身体会到了一句前人的经验之谈："获得第一个100镑后，再去赚第二个100镑就容易得多了。"钱本来就可以生钱。

在卡罗来纳的合伙经营很成功，受此鼓舞我又建立了更多的合伙关系。我提拔了好几名工作表现良好的工人，资助他们在不同殖民地开办印刷所，合伙条件与卡罗来纳的那家相同。他们大多做得很好，能在六年合同期满时买下我的设备独立经营，并借此养家糊口，把子女抚养成人。一般来说，合伙经营往往以吵闹收场，但让我高兴的是，我的这些合伙关系不论是在经营中还是结束时，都十分友好。我想，这主要得益于我们预先就对每个合伙人应该做的事情以及期待的事项都已明文规定，没有任何争议的余地。故此，我建议所有经营合伙生意的人都采用这种预防措施。不管双方在签订合同时多么互敬互信，日后总会有关于生意打理和责任承担方面是否平等的想法，从而滋生出矛盾和猜忌，这往往会造成友谊破裂、合作终止，或许还会引起法律纠纷和其他一些不愉快的结果。

总体而言，在宾夕法尼亚这个地方成家立业我是非常知足的，只唯独有两个遗憾：一是这里没有防御体系，二是青年教育体制不够完善；既无民兵组织，也没有高等学院。1743年，我起草了一份建立学院的提议。当时，我认为传教士彼得斯（Peters）先生是管理学校的合适人选，他也正好赋闲在家，我便与他沟通了这个计划。但他却觉得为领主们服务更有赚头，且他已找到了那样的职位，因而谢绝了我的请求。我一时找不到可以托付的合适人选，只好将这个计划搁置了一段时间。第二年，即1744年，我撰文提议建立哲学学会，之后这个提议顺利通过了。我为此写的那篇文章收录在了文集里，可以从中找到。

至于防务问题，那时西班牙已与英国交战多年，后来法国也参与了进来，这就使得我们的处境非常危险。我们的总督托马斯一直尽心竭力地劝说贵格会议会，希望他们能通过一项民兵自卫法案和其他一些保障本地区安全的条款，结果却徒劳无功。我决定组建一个志愿组织，试试看能做些什么。为了推进此事，我撰文出版了一本名为《明白的真相》的小册子，着重强调了我们缺乏防务的处境，声明有必要为了防御外敌而联合起来组织训练，并承诺不日将组建一个社团，广泛征集签名加入。这本小册子带来了意想不到的惊喜。我被邀请去起草社团章程，我与几个朋友共同起草了一份，然后就在前文提过的那所新建的大房子里召开市民大会。房子里挤满了人，我提前印了不少章程，也在屋内各处备好了笔墨。我直奔主题，向大家作了简短的演讲，为大家宣读和解释了章程的内容，之后就将章程散发了下去。人们十分踊跃地签上了自己的名字，没有任何异议。

散会之后我们统计了收上来的章程，总共有1200多人签名。其他章程则分发到了乡下各处，最终签名者共计10000多人。这些人很快就自备了武器，自发编了连队和团队，还自行选出了自己的长官。此后他们每周都集合起来，接受体能训练以及军事纪律方面的指导。妇女们也自行组织起来，制作丝绸的军旗赠给军队，旗帜上印有不同图案和格言，这些内容都是由我提供的。

这些连队组成了费城军团。在军团的会议上，军官们推举我为团长。我深知自己无力胜任，于是婉言谢绝，随后举荐了劳伦斯（Lawrence）先生。他品德高尚，颇有影响力，最终获得了任命。之后我提议发行彩票，以便集资在城南修建炮台和装配大炮。我们迅速凑足了资金，不日就建成了炮台。垛口系用原木搭建而成，缝隙用泥土夯实。我们从波士顿买了几门旧炮，但还不够用，于是又向英格兰写信求购，同时还向我们的领主们寻求帮助，虽然我们对此并不抱什么希望。

与此同时，军团派遣劳伦斯上校、威廉·艾伦（William Allen）先生、艾布拉姆·泰勒（Abram Taylor）先生和我前往纽约，向克林顿（Clinton）总督借几门大炮。总督起初断然拒绝。后来，在我们与咨议会共同进餐时，大家按照那时的当地习俗喝了不少马德拉酒，总督逐渐松了口，说愿意借给我们6门大炮。满满地又喝了几杯之后，数目增加到了10门，最后他非常爽快地答应借给我们18门大炮。他借给我们的都是质地优良的18磅大炮，还配有炮架。我们很快将这些大炮运了回去，装在炮台上。战争期间，士兵们每晚都在炮台上放哨瞭望，我也和其他普通士兵一样轮流值勤。

我积极参与这些事务，颇受总督及咨议会的赏识，他们很是信任我，每次采取可能有益于军团的措施时，都会征询我的意见。为了得到教派的支援，我提议斋戒一日以作为一种改革方式，同时也是祈求上天护佑我们的事业，他们非常欢迎这个提议。

但是本地区从未举行过斋戒活动，所以秘书在起草公告时没有先例可循。在新英格兰，这样的斋戒活动每年都会举行，于是我在那边所受的教育在此派上了用场。我按照传统格式起草了公告，并将公告译成德文，以英德双语印刷，之后向整个地区公布。这样一来，各个教派的神职人员便可借此机会鼓励会众加入军团。如果不是战争很快就结束了，没准除了反战的贵格会，所有教派都会纷纷加入军团呢。

一些朋友担心我积极参与这些事务可能会得罪贵格会，从而失去在地区议会的影响力，毕竟议会大部分成员都是贵格会教徒。有一位同样在议院有些朋友的年轻绅士打算把我挤走，还说已内定在下次选举时将由他来接替我的职务。所以他好意劝我主动辞职，免得到时被人罢免有失体面。我是这样回答他的："我曾听到某个公众人物曾经定过一条原则——对于官职，绝不企求也绝不拒绝。我赞同他的观点，只是还要加上一条，那就是：绝不企求，绝不拒绝，绝不请辞。如果他们要将我的职位转任他人，那就让他们罢免我吧。但我决不主动辞职，决不因此而放弃在适当时候向对手反击的权利。"后来，再也没有听到关于这件事的任何消息。下一次选举时，我还是像以往一样全票当选。我想，他们大概不喜欢我近来与咨议会成员来往密切，因为这些成员在关于军事战备的所有争论中都与总督站在一边，而议院又长期饱受这些纷争的烦扰。所以，如果我选择主动请辞，他们或许会很高兴。可他们又不想仅仅因为我热衷于军团事务就罢免我，而一时又找不到其他合适的理由。

其实，我相信只要不要他们出力，议会中的任何人都不会反对防务建设。我还发现，虽然他们大多反对侵略性战争，但却明确支持防御性战争，持这种想法的人数远超我的想象。防御事务的支持方和反对方都就此写了许多文章印刷成册。支持方的有些小册子还出自优秀的贵格会教徒，我相信他们所写的内容已经说服了大部分的年轻教友。

发生在消防队的一件事，使我弄清了贵格会教徒的普遍想法。有人提议从消防队的资金中拨出60英镑来购买彩票，用以支持炮台修筑。根据我们的规定，提案提出后、在下一次会议通过之前，不能动用任何资金。消防队共有30名成员，其中22名成员是贵格会教徒，只有8名成员属于其他教派。我们8人准时参加了会议。虽然我们认为有些贵格会教徒会支持我们，但也没有把握我们能获得多数通过。结果，只有一个贵格会教徒——詹姆斯·莫里斯（James Morris）先生站出来反对这一提案。他对我们提出这个议案深表遗憾，因为他说所有的贵格会教友都反对这个提议，而因此产生的严重分歧可能会导致消防队解散。我们告诉他，事情绝不会闹到如此地步，如果贵格会教徒反对这项举措，以多数票否决了我们，那我们一定会遵循所有社团协会的做法，少数服从多数。投票表决的时间到了，莫里斯先生同意我们照章行事，但他说他可以向我们保证有一些会员是打算出席并投反对票的，所以我们应该稍等一会儿，等到他们到场才算公正。

正当我们为此争执不下时，一个侍者过来告诉我，楼下有两位绅士想找我聊聊。我下楼一看，原来是我们消防队的两个贵格会教徒。他们对我说，他们有 8 个贵格会教友正在附近一家酒馆里聚会，要是我认为有必要的话，他们就前来参加会议，投票支持我们。不过他们希望事态不要发展到这个地步，最好是没有他们的支援也能通过提案，因为他们如果投票支持了这个提案，可能会因此受到牵连，受到长辈和朋友的责难。有了通过提案的把握，我回到楼上，故作一番犹豫，然后同意将投票推迟一个小时。莫里斯先生称这种做法十分公正。出乎他意料的是，他说的那些反对提案的朋友一个也没来。投票时间到了，我们以 8∶1 通过了决议。总共 22 个贵格会教徒，其中 8 个愿意投票支持我们，13 个缺席，表明他们无意反对这项提案。后来，我估计真正反对防务的贵格会教徒比例只有 1∶21。这些成员都是贵格会的忠实信徒，在会里颇有声誉，而且也接到了在那次会议上讨论提案的正式通知。

贵格会中有一位德高望重且博学多才的洛根（Logan）先生，他发表了一封致本派教友的公开信，声明自己支持防御性战争，并且以许多强有力的论据证明了自己的支持是有理有据的。他交给我

60英镑，让我去购买为筹建炮台而发行的彩票，并声明一旦中奖，奖金将全部用于炮台修筑。关于防务问题，他还告诉我一件他以前的东家威廉·佩恩的轶事。他年轻时是领主威廉·佩恩的秘书，与威廉·佩恩一起从英格兰来到美洲。当时正逢战争，途中，他们的船遭到了一艘武装船只的追逐，据估计那是艘敌船。船长准备进行自卫，但却告诉威廉·佩恩及其贵格会随从，说他并不期望他们协助，他们可以退回船舱里去。大家都躲进了船舱，只有他詹姆斯·洛根（James Logan）选择留在甲板上，还被指派掌管一门大炮。后来发现所谓的敌军其实是友军，于是也就没有交火。不过等他下到船舱报告情况时，威廉·佩恩却痛责他不应留在甲板上，说这违背了贵格会的教规，更何况船长也没有要求他这样做。这样被当众斥责，他觉得有失颜面，于是便反驳道："我是你的仆人，你当时为什么不命令我下来呢？不过就是遇到危险时，你巴不得我留在上面保护船只罢了。"

我在议会里工作了很多年，当时议会里占多数席位的往往都是贵格会教徒。每当王室申令议会提供军事援助时，我常常见到那些贵格会议员因为教规反战而左右为难。他们既不愿直接拒绝而得罪政府，又不愿违背原则去顺从国王的旨意而得罪大多数贵格会教友。于是他们就找各种各样的借口推托，实在无法推托时就变相发放款项，最常采用的方式是以"国王专用"的名义拨款，而且从不过问款项用于何处。

但如果命令并非直接来自国王，那么采用这个名目就不合适了，需要另外想些其他名目。例如：新英格兰政府缺少火药时〔我认为应该是为了供路易堡（Louisburg）驻军使用〕，向宾夕法尼亚请求资金支援用以购买火药，托马斯总督在议院中极力促成此事。贵格会议员们不能以此名义拨款，因为火药是战争物资，不过他们通过投票决定，给新英格兰提供3000英镑援助，交由新英格兰总督管理，供其购买面包、面粉、小麦和其他粮食。咨议会有些成员想要继续为难议院，建议总督以"名不副实"为由拒绝接受这笔拨款。不过总督说道："我会收下这笔钱，因为我很清楚他们的用意，所谓的'其他粮食'指的就是火药。"总督用这笔钱买了火药，议院也从未就此事提出抗议。

这件事算是给了后面的事情一点启示。我们消防队正担心购买彩票来修筑炮台的提议难以通过，于是对同是消防队成员的朋友辛格先生说："如果我们的提案没有通过，那么就提议用这笔钱来购买一具灭火器，贵格会教徒一定不会反对此事。到时你我相互提名，组成采购委员会去购买一门大炮，大炮当然是火器了。"[1]"我明白了！"他说，"你真是没白在议会待了这么久，进步不小啊！你这双关语与他们的'小麦或其他粮食'简直异曲同工。"

这些贵格会教徒面临的尴尬处境其实是由于他们确立并公开宣布了这么一项原则：任何形式的战争都是非法的。而这一原则一经公开，即使他们后来改变想法，也无法轻易摆脱这一原则的束缚。这让我想起了另一个教派德国浸礼会的做法，我觉得

---

[1] 此处原文的"fire-engine"，意即用于灭火的设备或工具、灭火器，但其字面意义也可理解为"火器"，作者取其双关之意。——译者注

该教派行事更为审慎。那个教派成立后不久，我认识了其创始人之一——迈克尔·韦尔菲（Michael Welfare）。他向我诉苦说，他们受到了其他教派狂热信徒的恶意诽谤，污蔑他们有令人憎恶的教义和行为，其实这完全是无中生有。我对他说，新成立的教派都会遇到这样的麻烦，想要杜绝这种抨击的话，我想你最好是将你们的教义教条公布出来。他说，教派里也有人这样建议过，不过没有获得大家的同意。他说，是因为教派里有人提道："在我们刚成立教派的时候，上帝为此很是欣喜，于是便给我们以启示，让我们明白某些我们曾经以为是真理的教义实则是谬误，而某些我们曾经以为是谬误的教义实则是真理。上帝不时地给予我们更多启示，我们的信条一直在进步，我们的错误不断地减少。如今我们并不确定自己是否已经取得最终的进步、不再有错误可以纠正，也不确定我们的宗教或神学知识是否已臻于完美。我们担心的是，一旦将教义教规公之于世，我们就会变得故步自封，不愿再接受新的神启，我们的继任者更会如此，认为他们的前辈和教派创始人所做的事情神圣不可偏离，应当信守不渝。"

如此谦逊的教派在整个人类历史上或许都只是个例。所有其他教派都认为自己掌握了绝对的真理，异己者全都大错特错。这就好比一个人在雾中穿行，只要与他隔些距离的，不管是在他前面、后面，抑或是左右两边，他都以为别人是被雾霭包裹着的，只有他的周围清晰可见。而事实上，他也和其他人一样身处雾中。为了避免这种窘境，近年来，越来越多的贵格会教徒辞去了议会及政府的职位。他们宁愿放弃权利，也不愿违背自己的教义。

按照时间顺序，我本该在之前就提及下面这事儿的。1742年，我发明了一种开放式壁炉。由于这种火炉的空气在进炉灶时就被预热，所以既可以改善供暖效果，又可以节约燃料。我做了一个这种壁炉的模型，作为礼物送给了我的老朋友罗伯特·格雷斯先生。他有一台铸铁炉，随着人们对这种火炉的需求越来越大，他发现制造这种壁炉的铁板能赚不少钱。为了帮他拓展销路，我撰写了一本小册子，题为《新发明宾夕法尼亚壁炉说明书》，其中详细阐述了壁炉的构造及工作原理，还介绍了这种壁炉与其他室内供暖器具相比所具有的优点，答复了所有反对使用此种壁炉的意见，从而打消了人们的顾虑。这本小册子的市场反响很好。托马斯总督对其中炉子结构的描述部分很是欣赏，提出要为我颁发专利，让我享有一定年限内独家出售这种壁炉的专利权。我委婉地谢绝了总督的好意，因为对这类情况我向来坚持的原则是：我们既受益于他人的伟大发明，也应乐于通过自己的创造使他人受益，毫不吝惜，分文不取。

然而，伦敦的一个五金商人抄袭了册子里的大量内容，将我的发明稍加修改就变成了他自己的东西。他对炉子做了一些细微的改动，这反而削弱了火炉的效用。他在伦敦取得了专利，听说还凭此发了一笔小财。这并不是别人利用我的发明取得专利的唯一事例，尽管那些人并非都能像他一样取得成功。我无意通过专利谋利，也憎恶互相争夺，因此从未与这些盗取专利之人争辩过什么。总之，这种壁炉得到了推广普及，宾夕法尼亚及邻近殖民地的许多家庭都在使用，居民们为此节约了大量木材。

战争结束后，社团事务也随之告一段落，于是，我又再次开始考虑建立学院的事情。首先，我联合了一些积极活跃的朋友共同商讨此事，这些人大部分都是共读社成员。其次，我撰写出版了一份题为《宾夕法尼亚青年教育之建议》的小册子，并将册子免费发放给本地的显要人士。我估摸着他们已经读过册子、有了一定的思想准备之后，我就立即着手募集创办学院以及维持学院运转的资金了。捐款为五年期，每年支付一次。我认为通过这样分期付款，可以募集到更多的款项。事实也的确如此，如果我没有记错的话，当时的认捐总额最少有5000英镑。

按照我的惯常原则，尽可能避免让自己以某个公益计划发起人的身份出现在公众面前，所以在建议书的序言中，我没有将此事归功于自己，而说这是一些具有公益精神的绅士们的共同倡议。

为了立即实行这个项目，捐款人从他们之中推选出了24名托管人成立了理事会，并指定时任总检察长的弗朗西斯（Francis）先生和我共同起草学院管理章程。章程起草并签订生效后，就租了一幢房子作为校舍，还聘请了几位老师，学校便开学了。我想，这些应该都是1749年的事情了。

学生人数迅速增加，校舍很快就不够用了。于是我们物色了一处位置不错的地皮，准备在那儿修建校舍。而就在此时，天意让我们遇到了一幢现成的大房子，只要稍加改动就能完全满足我们的需求。这就是我们先前提过的，怀特菲尔德先生的听众们修建的那幢房子。我们是通过以下方式弄到这幢房子的。

这幢房子是由不同教派的人士捐资建造而成，所以大家在推选管理房子及其地皮的托管人时，刻意避免让任何教派占有优势，以防将来占有优势的教派会将房子挪为己用，从而违背了人们建造这幢房子的初衷。因此，他们从每个教派各选一人来担任托管人，即一名英国国教教徒、一名长老会教徒、一名浸礼会教徒、一名摩拉维亚教教徒，等等。一旦某个托管人去世而出现位置空缺时，就从捐款者中重选一位予以补充。那名摩拉维亚教的托管人恰巧与其他托管人不睦，所以在他死后，大家决定不再委托该教派的任何人了。但麻烦的是，该如何避免某个教派有两个托管人这个问题。

有好几位候选人被提名，但都因为这个原因未能通过。最后有人提议由我来担任，说我为人诚实，不属于任何教派，这一理由说服他们选择了我。这幢房子建成时人们曾有的热情早已消散了，托管人无法获得新的捐款来支付地皮租金及偿付建造这幢房子时欠下的其他债务，这使他们的处境十分窘迫。而如今我同时是这两个托管人理事会的成员，一个是房子的，一个是学院的，于是便有很好的机会与双方进行协商，并最终促成了他们之间的协议。协议规定：这幢房子的理事会将房子转让给学院的理事会，后者负责偿还债务，且不更改房屋修建时的初衷，在这幢建筑内永久开放一个大厅，供传教士们随时布道使用，并且开办一所学校免费接收家境贫寒的孩子入学。双方依此签订了合同。学院的理事会偿清债务后便获得了这幢房子的所有权，随后将宽阔高大的厅堂分为两层,每层隔了若干个房间用作教室,又另外购置了一些地皮。整个场所很快就打理成学院的样子了,之后学生们就搬来了。在这过程中,都是我在负责与工人商谈,购买材料,监督施工,不过,我倒是很乐意做这些事情,因为这并没有妨碍我自己的生意。前一年我已有了一个能力出众、勤勉诚实的合伙人——大卫·霍尔(David Hall)先生。此前他已为我工作了四年,我很了解他的为人。他从我手中全权接管了印刷所的生意,按期给我分红。我们的合伙关系长达18年之久,大家都赚了不少钱。

不久之后,学院获得了总督颁发的特许状,从而成了合法机构。此后,英国寄来了捐款,领主为学院划拨了土地,议会也追加了拨款,学院办学资金大幅增加,于是,如今的费城大学就这样创立了。我在学院创立之初便是理事之一,现在已有将近四十年的时间了。我非常欣慰地看到,许多年轻人在这里接受了教育,增长了才干,变得出类拔萃,在社会上成为有用之才,为国家带来了荣誉。

第 7 章

政途平顺，初次领兵

如前文所述，我已不必再亲自打理生意，还自认为已有了一定的积蓄，虽然算不上富有，但已足够让我能留出闲暇来搞搞科学研究，并就此安度晚年了。斯彭斯（Spence）博士从英格兰到我们这儿来演讲的时候，我买下了他的全部设备，兴致盎然地做起了电学实验。可在公众眼里，却认为我现在有着大把的时间，总是让我为他们办事。政府的各个部门又几乎同时要求我为其效劳：总督任命我为和平委员会委员；市政府选我为市议会成员，很快又选举我为市府参事；最后又被广大市民推举为地区议员。我最喜欢最后一个职位，因为我早已厌倦了只是坐在那里听他们辩论，先前作为书记员我没有资格参与辩论，而那些辩论往往枯燥无聊，听者根本提不起什么兴趣，我只得画一些数字幻方、圆环或其他事情来解闷。此外，我认为成为地区议员后，我就能做出更大的贡献了。然而，我绝不是在表示我的雄心壮志并没有因这些提拔而有所满足，我当然对此感到非常荣幸。对于出身低微的我来说，能担任这些职务已是很了不起的。特别令我高兴的是，这些都是公众基于对我的认同而做出的自发选择，我完全没有主动谋求这些职位。

我尝试担任了一段时间的治安法官，出过几次庭，也坐堂审理过几回诉讼。不过我发现要胜任这一职务，我所具备的那点习惯法知识并不够用。于是，我借口要在地区议会中履行一名立法者的更高职责，逐步从治安法官的职位上退了下来。我连续十年都当选为地区议会议员，其间我从未拉票，也从未直接或间接地表示自己希望当选。在我出任地区议员之后，我的儿子被任命为地区议会的书记员。

次年，我们准备与印第安人在卡莱尔（Carlisle）

谈判。总督通知议院，建议议院指派几名议员与咨议会的几个成员组成一个谈判委员会。议院指派了我和议长诺里斯（Norris）先生，我们奉命前往卡莱尔去会见印第安人代表。

这些印第安人嗜酒，醉了又很喜欢吵架，搞得混乱不堪，所以我们严禁卖酒给他们。每当他们抱怨限酒令时，我们就说，如果他们能在谈判期间不喝酒，我们会在谈判结束时送很多朗姆酒给他们。这些印第安人答应了，也履行了诺言，因为他们确实也买不到酒。谈判有序进行，谈判结果双方都很满意。谈判结束后的下午，他们来索要朗姆酒，我们也如约给了。他们男女老少将近一百来人，住在城外的临时小木屋里，这些木屋围出了一个正方形的场地。傍晚时分，谈判委员们听到他们那边喧声震天，就过去看看发生了什么事。结果发现，他们在木屋围成的正方形场地中央燃起了一大堆篝火。男男女女都醉醺醺的，聒噪地打闹着。只有在昏暗的篝火火光下，才能看见他们半裸着的深色身躯。他们拿着火把，互相追逐打闹，发出可怕的嚎叫声，其情形犹如我们想象中的地狱那般。骚乱一直持续着,不像是能平息下来的样子,于是我们就返回了住处。深更半夜时,许多印第安人来狂砸我们的房门,嚷嚷着还要朗姆酒,但我们没有理睬。

第二天,他们清醒过来才意识到不该打扰我们,就派了三名长老过来赔礼道歉。他们承认了错误,但却把错误推在朗姆酒上,接着又一直为朗姆酒辩解,说道:"伟大的神灵创造万物,并赋予了各自的用途,不管他为各物设计了何种用途,它们都应永远如是使用。既然他创造朗姆酒时说过'让印第安人为此沉醉吧',那我们就必须遵照神的旨意。"的确,如果神的旨意是要灭绝这些人,那么朗姆酒可能就是神选定的方式,毕竟这酒已经消灭了以前住在沿海一带的所有部落。

1751年,我的一位非常特别的朋友——托马斯·邦德(Thomas Bond)医生,想在费城建立一所医院,以便收容和救治那些穷苦无依的病人,无论是本地居民还是外来人士。这是一大善举,医院建成后有人将之归功于我,其实最初是托马斯·邦德医生提出来的。他满腔热忱地积极为此募捐，不过这种事在美洲还很新奇，人们起初并不太理解，因此他的募捐进行得不太顺利。

最后他找到了我，恭维说，他发现要推行公益计划时，没有我的参与就根本做不成。他说："因为我去募捐时，人们常常问我，你与富兰克林商量过此事吗？他怎么看？当我告诉他们没有商量过时（因为我觉得这件事与你没什么关联），他们就不会捐款，只说他们会考虑考虑。"我问了他这个计划的性质及其可能产生什么用途，得到了一番满意的解答后，我不仅自己捐了钱，还热忱地帮他一起向别人募捐。但在此之前，我先撰写了一篇有关这一计划的文章刊登在报纸上，好让人们有个思想准备。这是我处理此类事情的一贯做法，他却忽略了这一点。

民众有了思想准备后，接下来的募捐就顺利的多了，人们捐款也比较大方，但不久以后，大家捐款的热情就没那么高涨了。我知道没有议会的资助，根本就募集不到足够的资金，于是便提议去申请议会拨款，后来也的确去申请了。乡村议员们起初并不支持这个计划，因为他们认为这个计划只对城市居民有益，所以应由城市居民承担费用，甚至还怀疑这个计划是否得到了市民的普遍支持。我的意见却恰恰相反，认为这个计划会广受欢迎，仅凭募捐就能筹到2000英镑。他们觉得我们痴心妄想，认为这完全不可能。

为此，我拟订了一个计划。我请求获准提交一项法案，以便依照请愿书中的意愿组织捐款人，并给他们划拨一笔未确定的资金。这个请求主要基于这样的考虑——如果议院反对这个法案，他们可以将其驳回。我在起草法案时，有意将那些重要的条款设计成一个有条件的条款。

一俟满足下列条件，本法案方能被当局认可成为法律：所述捐款者应选举出管理人员和财务人员，通过捐款募得基金若干（其年息作为医院免费收治贫苦病人的伙食、看护、诊治和药剂的费用），并向时任议长提出适当证明，届时本法案方能生效。议长当依法案签署命令,责成地区财务主管付与该医院财务人员2000英镑,钱款于两年内付清,每年支付一次,作为医院开办、筹建及修缮之用。

这一条件使法案得以通过。那些原本反对拨款的议员,觉得现在不花分文就能赢得慈善的美名,便欣然同意了。之后在民众中募捐时,我们又着重强调该法案的前提条件,作为敦促民众捐款的又一动力,因为每个人的捐款都可能翻倍。如此一来,这个条款对双方都管用。捐款很快就超过了议案中规定的数目,于是我们向政府提出资助的要求,也如愿收到了拨款,这就使我们有能力将这一计划付诸实施。很快,一幢实用又美观的大楼建成了。经过时间的考验,人们发现这家医院的疗效甚好,直至今天该医院仍然十分红火。我已不记得当时耍过什么政治手腕,这次成功带给我更多的是愉悦的心情。事后回想起来,我觉得做成了这种善事,略施小计也没什么不妥。

大约也是在这时候,另外一个项目的规划者——吉尔伯特·坦南特(Gilbert Tennent)牧师找到了我,请我帮他募捐建造一座新会堂。这座会堂将供他召集起来的一批长老会教友使用,这些教友原本是怀特菲尔德先生的信徒。我不愿频繁地向市民募捐,以免招人厌恶,所以断然拒绝了。他让我根据以往的募捐经验将那些慷慨大方、热心公益人士列一个名单给他。我觉得这么做也不合适,人们好心为我捐了款,而我却要让他们受到其他募捐者的困扰,这样太不道德了,因此这一要求我也拒绝了。最后他请我至少给他一些建议。"这个我倒是乐意效劳,"我说,"首先,我建议你向那些你知道的愿意捐些钱的人募捐;其次再去找那些你不确定是否愿意的人,并给他们看已经捐过钱的人的名单;最后,不要忽略那些你确定不会捐钱的人,因为你可能误解了他们。"他大笑起来,向我表示感谢,说他会采纳我的建议。后来他的确这么做了,向每一个人都募捐了,最后筹到的款项远超预期。他用这笔钱建造了一座宽敞雅致的会堂,那座会堂至今仍然矗立在拱门街上。

我们这座城市修建得整齐美观,街道宽阔笔直、垂直相交。遗憾的是,有些街道始终没有铺设路面。雨天时沉重的车轮将街道碾压得泥泞不堪,使得道路难以通行;遇上干燥的天气,又尘土飞扬令人难以忍受。我曾住在泽西市场附近,看到居民们出门买东西时费劲地蹚着泥浆,心里很不是滋味。后来集市中心的一段道路铺上了砖,只要进入集市,大家就有了站脚的地方,不过此时人们的鞋子往往已沾满了泥浆。我与许多人谈及此事,还写了文章,终于促使集市外到房屋两边砖面人行道之间的街道铺上了石子。这样一来,人们不必弄脏鞋子便可轻松进入市场。不过,由于其余路段并未铺设路面,每当马车从这些泥泞路段驶来时,就会把泥浆掉落在路面上,铺设好的路面很快就又变得泥泞不堪了,而且还无人打扫,因为当时这座城市还没有清洁工人。

经过一番打听,我找到了一个勤快的穷人,他愿意清洁这些路面。每周清扫两次大街,将住户门前的垃圾运走,每家每月给他6便士。随后,我撰写了一篇文章，向附近居民详细解释了花这点小钱可以获得的益处，比如，街道干净之后，人们鞋底带进家门的泥土就会减少，自家屋内也就更容易保持干净；因为买东西的人可以更容易到达店里了，商店也会由此有更多的顾客因而更赚钱；起风的时候，灰尘也不至于吹进店里落在货物上；等等。我将文章印好，分发到每家每户，一两天后便去看谁签了协议，愿意交这 6 便士。各家毫无例外地都签了字，协议也很顺利地执行了一段时间。市场附近的路面干干净净，为大家都提供了便利，大家对此很是满意。于是市民们要求把所有街道都铺上砖面，大家也更愿意为此缴纳税款。

过了一段时间，我起草了一份为全市铺路的议案，并提交到议会。当时是 1757 年，恰好在我去英格兰之前，而直到我离开美洲后，这个议案才得以通过。他们修改了摊款方式，但我觉得不改更好。除了铺路，他们还增加了街道照明的条款，这倒是一个很大的改进。这一想法源自已经过世的一个平民约翰·克利夫顿（John Clifton）先生，他在自家门前装了一盏灯，作了个示范，表明了路灯的作用，人们这才萌生了在全市安装街灯的想法。有人将这项公益事业也归功于我，其实这荣誉当属于那位先生。我不过是仿效了他的做法，只是在改进路灯构造方面略有助益而已。我们的路灯不同于最初从伦敦购买的那些球形灯。我们发现那些球形灯存在诸多不便：灯的下方没有空气进入，因此烟尘不易从上方排出，只能在灯的球体内部循环往复，黏附在灯的内壁上，很快就遮挡了本该有的光亮；所以灯壁每天都要擦拭，增加了不少麻烦；若是一不小心碰到了，整个灯罩都会碎掉报废。因此，我建议用四块平面玻璃组成灯壁，上面装一个长漏斗来吸起烟雾，下方留些缝隙供空气进入，这使得烟尘更易上升。如此一来，灯壁就能保持干净，可以一直保持明亮，不像伦敦的街灯那样，几个小时后就变得昏暗无光了。即便偶尔碰到了，一般也只是损坏其中一块玻璃，修理起来也很方便。

沃克斯霍尔（Vauxhall）的球形灯底部也有一些开孔，灯壁保持得干干净净。我有时候挺纳闷，为什么伦敦人就不学学这一方法,在他们的街灯上也留一些孔呢?后来我发现他们的路灯也是有孔的,不过这些孔是为了别的目的——通过穿过孔的一根细亚麻线,更加迅捷地将火焰送往灯芯,至于流入空气这一用途,他们似乎没有想过。所以,伦敦的街灯点了几个小时后,街上就一片昏暗了。

提到这些改进措施,我想起在伦敦时曾向福瑟吉尔(Fothergill)博士提起的一个建议。福瑟吉尔博士是我认识的非常优秀的人士之一,他倡导了许多实用的计划。我注意到天气晴朗时,这里的街道从来无人清扫,灰尘到处飞扬。到了雨天,这些灰尘积聚起来化成泥浆,没过几天街道上就积了厚厚一层烂泥。如果穷人不用扫帚清理出几条小道,街上根本无法通行。人们费力地将烂泥耙到一起,倒进敞开的马车里运走。每每车子在路上颠簸,烂泥就会被颠出来,落在附近的路面上,惹得行人很是恼怒。人们解释说,平时之所以不扫街道的尘土,是因为清扫的时候灰尘会落进街道两边的房子和店铺的窗户里去。

一件偶然发生的事情让我明白了清扫路面其实花不了多少时间。一天早晨，在克雷文街（Craven-street）我的住所门口，我看到一个贫穷的妇人正拿着一把桦木扫帚清扫我门前的街道。她看起来苍白虚弱，一副大病初愈的模样。我问她是谁雇她来清扫这里的，她说："没人雇我，只是我太穷了，生活艰难，所以就在富贵人家门前扫地，盼着他们能给我点什么。"我让她把整条街都打扫干净，扫完后付给她1先令。当时是9点钟，12点钟时她就来要钱了。我起先见她扫得慢，几乎不敢相信她这么快就扫完了，于是叫仆人去验收，仆人回来说整条街道都已打扫得干干净净，土都倒进了道路中间的排水沟。接下来的一场雨就把这些尘土都冲走了，路面，甚至连排水沟都干干净净。

于是我断定，既然那么一个弱女子能在3个小时内扫完整条街，那么一个手脚勤快的壮汉可能用一半的时间就能完成。在此我想说说在如此狭窄的街道中间挖一条下水道，而不是在街道两边各挖一条下水道的便利之处。因为一下雨，所有落到街道上的雨水都会从两边流淌到中间，在那里汇合成一股强劲的水流，足以将汇合于此的所有泥土冲走。可是如果分成两股水流，水流的力道往往过于微弱，街道哪一边都无法冲洗干净，只会将泥土变成泥浆，车马路过时就会把泥浆溅到人行道上，使道路变得肮脏湿滑，有时甚至还会把污泥溅到行人身上。于是我向这位善良的博士提出以下建议：

> 为了更有效地清扫伦敦和威斯敏斯特的街道，并且保持其清洁，建议与几名更夫签订合同，让他们在天晴时清扫灰尘，阴雨天则耙去污泥，每人负责自己巡逻的几条街巷。此外还要给他们配备扫帚及其他清洁工具，把工具保存在各自的岗亭里，这样即便雇用的是穷人，他们也有工具可用。
>
> 夏季天气干燥，必须在店铺开张、各家各户开窗前清扫尘土，每隔一段距离拢成一堆，然后由清洁工用加了盖子的马车全部运走。
>
> 至于污泥，耙在一起后不可堆放，以免车

轮碾压、马蹄践踏后再次散开。应给清洁工配备马车，这些马车的车厢不是高高地放在车轮上，而是放在低矮的滑槽上，底部为网格状，上面铺上稻草，这样既能兜住倒入的污泥，又能沥去其中的水分，大大减轻了重量，毕竟污泥的重量主要来自其中的水分。将这些马车以适当距离摆放，清洁工便可用手推车运来污泥倒入其中，无须挪动马车。待污泥中的水分沥干后，再牵马过来把车拉走。

因为有些街道非常狭窄，放置沥水马车很可能会堵塞道路，所以我后来怀疑这个建议的后半部分是否可行。不过我现在仍然认同这个建议的前半部分，也就是要求在商铺开门营业之前清扫并运走尘土，这在白昼较长的夏季是切实可行的。有一天早上 7 点钟，我经过伦敦的斯特兰德街（Strand-street）和舰队街（Fleet-street），发现没有一家店铺开门，尽管那时天已大亮，太阳都升起来 3 个小时了。伦敦居民宁愿在烛光下生活，在阳光下睡觉，却又经常抱怨对蜡烛征税,抱怨制造蜡烛的动物油脂太贵,这真是荒唐。

有些人可能会觉得这是区区小事,不必在意,也不值一提。不过,他们若是考虑到,或许刮风的时候灰尘吹进一个人的眼睛或是刮入一家店铺,不是什么大事,但在一个人口众多的城市,这种事情数不胜数,频繁反复地发生,那就是大事了。如此一来,对那些留意这类看似琐碎小事的人,他们或许就不会苛责了。人们的幸福感,鲜有出自偶有之鸿运的,更多的是来自日复一日的小小实惠。所以,教会一个贫穷的年轻人如何自己修面,如何保养剃刀,由此给他带来的人生幸福感,可能比给他1000金币所带去的更多。金币很快就会花光,留下的唯有对自己愚蠢挥霍的悔恨。但若是学会了修面,他就不必经常苦苦等候理发师,不必接触理发师有时脏兮兮的手指,不必闻到他们气息中的异味,也不必任那迟钝的剃刀在脸上刮来刮去。他可在任何方便的时间修面,享受着每天用锋利剃刀修面的乐趣。我怀着这些思绪,贸然写下了前面几页,希望它们某天能对这座我热爱的、幸福地生活了多年的城市有所启示，或许也能对美洲的其他一些城镇有所裨益。

有一段时期，我被美洲邮政总局局长任命为审计官，监管几个邮政分局的业务，并监督邮局职员。1753年这位局长去世后，英格兰邮政总局局长发来委任状，任命我和威廉·亨特（William Hunter）先生一起继任美洲邮政总局局长的职位。在这之前，美洲邮局从未向英国邮局上缴过任何费用。我们两人将得到600英镑的年薪，前提是邮局盈余足以支付这笔钱。为了达到这个目标，就需要采取种种改进措施，而改革初期又难免要花些钱。于是，在起初的4年中，邮局欠我们的工资超过了900英镑，不过很快就开始支付我们的欠薪了。在英格兰大臣们突发奇想，要把我罢免的时候（此事我之后再讲），我们美洲邮局已向英王上缴了三倍于爱尔兰邮局的纯利润了。自那次轻率的罢免后，他们一分钱也没拿到过！

这一年，由于邮局的事务，我去了一趟新英格兰。那儿的剑桥学院（the College of Cambridge）^①主动授予我文学硕士学位。此前，康涅狄格（Connecticut）的耶鲁学院（Yale College）也授予了我类似的学位。如此一来，我虽然没有上过大学，却也拥有了这些殊荣。他们之所以授予我这些学位，是为了嘉奖我在自然科学电学领域的改进与发明。

1754年，由于担心与法国再次开战。商务大臣命令各殖民地派出专员赴奥尔巴尼（Albany）召开会议，与印第安人六部落联盟的首领共同商讨守卫彼此疆土的大计。汉密尔顿总督接到命令后就通知了议院，还请议院准备些适当的礼物届时送给印第安人，并提名议长诺里斯先生和我，会同托马斯·佩恩（Thomas Penn）先生、秘书彼得斯先生一起代表宾夕法尼亚参加此次会议。尽管议院对谈判地点不在本地有些不满，但最终还是同意了，也准备了礼物。大约6月中旬，我们在奥尔巴尼见到了其他专员。

---

① 剑桥学院是新英格兰的首个学院，位于马萨诸塞波士顿的剑桥市，1780年改名为哈佛大学。——译者注

赴会途中，我构思并起草了一份联合所有殖民地成立一个政府的计划，这对我们的地区防务以及其他重大的共同目标或许很有必要。经过纽约时，我将计划拿给詹姆斯·亚历山大（James Alexander）先生和肯尼迪（Kennedy）先生过目，这两位绅士都精通公共事务，得到了他们的认可后我大受鼓舞，大胆地将计划提交给了大会。我后来发现，好几个专员都拟写了类似的计划。大家首先讨论了一个先决问题——是否应该成立联合政府，结果，这个提议获得了一致通过。接着大家就成立了一个委员会，每个殖民地各派出一名委员来研讨关于联合政府的各种计划，并向大会作报告。碰巧我的计划更受青睐，于是在经过一些修改后，便呈上了会议。

根据该计划，联合政府将由一位总统和一个大议会负责管理，总统由英王任命并提供支持，大议会成员由各殖民地的人民代表在各自的地区议会中选举产生。在这次大会上，大家每天都在讨论成立联合政府的问题及印第安人相关事务。会上有不少反对意见，不过最后终于克服困难达成了一致。这一计划的副本被呈送给商务董事会及各殖民地议会。不过，这份计划的命运却不太寻常：各殖民地议会都没有采用这一计划，认为该计划中的君权太过，而英格兰却又认为该计划中的民主过甚。

因此，商务董事会（Board of Trade）没有批准这项计划，也没有将之呈交给英国国王。不过，有人制订了另一个计划，认为该计划能更好地实现同一目的。根据该计划，各殖民地总督及其各自咨议会的一些成员可以开会决定征召军队、修筑堡垒等事宜，经费向英格兰财政部支取，此后再以英格兰议会向美洲征税的方式返还。我的那份计划及其支持理由，可从我已印发的政论文集中找到。

那年冬天，我在波士顿与谢利（Shirley）总督多次讨论过这两个计划，我们的一些谈话内容或许也能在文集中找到。人们用各种不同的甚至是截然相反的理由来反对我的计划，这反倒让我觉得这份计划才是真正的折中方案。到现在我仍然相信，假如当年采纳了该计划，大洋两岸都会感到满意。各殖民地联合起来后就拥有了足够的自卫能力，也就不需要英格兰派来军队，其当然也就没有借口向美洲征税，因而也就避免了可能由此引起的流血斗争。但这类错误并非罕见，历史上由王公贵族铸就的错误不胜枚举。

环顾这广袤的人世间，了解自身真正所需者寥寥，即便了解，又有几人真去追求？

那些执政者总是事务繁多，通常不愿考虑也不愿实行新的计划。那些最好的公益措施能得以施行，很少是出于政客的先见卓识，而多是由情形所迫。

宾夕法尼亚总督将计划送交议会时，对这一计划深表赞同。他认为该计划"条理清晰、言之有理，因而值得议会密切研究并慎重对待此事"。但是议院却在某个议员的掌控下，非常卑鄙地趁我不在时提出了该项计划，又不加考虑地就对此予以否决，我认为这种做法不太公平，这也使我非常沮丧。

同年，我去波士顿时途径纽约，在那里与新任总督莫里斯先生见了面。他是我的老朋友，刚从英国到达纽约,怀揣委任状,奉命前来接替汉密尔顿先生的总督一职。此前,由于领主多番发号施令,汉密尔顿先生陷入了诸多争执的困扰之中,他实在疲于应付,遂辞去了职务。莫里斯先生问我是否认为他也会像前任总督那样步履维艰。我说:"不,恰恰相反,你只要不与议会发生任何争执,你就会干得很舒心。""我亲爱的朋友,"他诙谐地说道:"你怎么能建议我避免争执呢?你知道我最喜欢争辩,那是我的一大乐事啊。不过,我尊重你的劝告,我向你保证我会尽可能地避免与议会起争执。"他爱好争执不是没有来由的,他能言善辩,精明老练,是辩论中的常胜将军。在这方面,他自小就训练有素。我听说他父亲习惯在晚饭后坐在桌旁,让孩子们互相辩论作为消遣。但我觉得这一做法并不明智。据我观察,这些喜欢争辩反驳的人在工作生活中通常都不会太顺利。虽然有时会取得胜利,但永远得不到人心,而人心却是更为可贵的。我们分开后,他出发前往费城,我去了波士顿。

　　回程途中,我在纽约看到了议会通过的诸多决议，尽管莫里斯向我许下了承诺，但从这些决议中可以看出，他似乎已与议会发生了激烈的冲突。在他任职期间，他们之间一直斗争不断，我也卷入了这场斗争之中。我一回到议会任上，每个委员会都要我加入，让我对他的演讲和咨文做出答复，而这些委员会总是指定我来起草答复文稿。我们的答复往往尖酸刻薄，有时还恶语相向，他写来的咨文也是如此。他知道为议会写这些复文的人是我，有人以为我们见面时难免会吵得不可开交，但是他秉性善良，这些事情从未影响我们的私人交情，我们还经常一起用餐呢！

有天下午，我们在街上碰到了，当时正值这场公开争论激烈的时候。"富兰克林，"他说，"今晚你一定得去我家，我有几个朋友要来，你会喜欢他们的。"说完，就挽着我的胳膊，把我带到了他家。吃过晚饭后，我们一边喝着葡萄酒，一边愉快地交谈。他跟我们开玩笑说，他很欣赏桑丘·潘沙（Sancho Panza）的想法——有人提议让他执掌一个政府，他便请求去统管黑人的政府，这样一来，要是与人民产生了分歧，他还能卖了他们。莫里斯先生有个朋友坐在我身旁，说道："富兰克林，你为什么一直与那些可恶的贵格会教徒站在一边呢？你把他们卖了不是更好吗？领主会给你开个好价钱的。""因为总督，"我说，"因为总督还没有把他们彻底抹黑呢。"总督确实在所有咨文中都煞费苦心地抹黑议会。不过他刚一抹黑，议会就迅速擦掉了，还反过来回敬给他厚厚的一层。所以当他发现自己快要被抹成黑人的时候，也像汉密尔顿先生一样，厌倦了与议会的争斗，最后辞了职。

这些公开争论的症结在于领主，他们是世袭的统治者，每当向他们征收领地防务费用时，他们就会采取一些不可思议的卑劣手段，指使他们的代理人不要通过任何征税的法案，除非该法案明确规定他们那些辽阔的地产可以免税，他们甚至还让代理人写下保证书来保证会遵守这些指令。议会三年来一直竭力抵制这种不公正的行为，但最后还是不得不屈服了。莫里斯先生的继任者丹尼（Denny）上尉，后来终于冒险违抗了领主们的那些指令。个中缘由我将在后文提及。

我把故事讲得太快了，在此还需要补充一下莫里斯总督任职期间发生的几件事情。

从某种意义上说，英法战争那时已经开始了。马萨诸塞海湾政府计划攻打克朗波因特（Crown Point），于是派遣昆西（Quincy）先生到宾夕法尼亚，波纳尔（Pownall）先生（后来的波纳尔总督）前往纽约去寻求支援。我是议会成员，熟悉议会的情况，又是昆西先生的同乡，所以昆西先生找到了我，要我凭借我的影响力去帮助他。我向议会宣读了他的请求书，取得了很好的反响。议会同意对其提供10000英镑的援助，用于采购物资。不过总督拒绝批准这个议案（除了这笔援助，还有供英国国王使用的其他几笔款项），除非另外附加一项条款，免向领主的土地征收任何必要的税款。尽管议会非常希望对新英格兰的拨款能生效，却也茫然无措，不知如何才能达到目的。昆西先生费尽周折想要取得总督的同意，但是总督态度坚决，不为所动。

于是，我想到一个可以绕开总督来做这件事情的办法，那就是由贷款局的信托人来开立提款汇票，根据法律，议会是有权这样提款的。其实，当时贷款局的钱也很少或者说根本就没钱，因此我提议汇票在一年内兑现，付给5%的利息。我估计，用这些汇票是可以采购到给养物资的。议会毫不犹豫地采纳了这个建议。汇票立即印制出来了，我也被指定为签发这些汇票的委员会成员。兑现汇票的资金是当时本地区所有放贷纸币的利息，以及消费税收入所得。人们知道这两项收入兑现汇票绰绰有余，所以这些汇票立即获得了人们的信任，不仅可以直接拿来购买给养，而且许多手头有闲置现金的有钱人也购买了这些汇票，当作一项不错的投资，因为这些汇票既可以在手中生出利息，又可以随时作为货币使用。于是人们踊跃购买汇票，几周就销售一空。如此一来，按照我的办法，这件重要的事情终于圆满解决。昆西先生对此万分感谢，给议会赠送了一件精美的纪念品。他非常高兴自己得以成功完成使命，兴高采烈地回了新英格兰。从此，我们结下了诚挚深厚的友谊。

英国政府没有批准在奥尔巴尼开会时所提出的提议，不允许成立殖民地联合政府，更不愿让联合政府建立自己的防御体系，担心殖民地军备过多后会利用自己所拥有的力量而叛乱。英国政府此时心生猜忌，产生了戒备心理，于是就派了布雷多克（Braddock）将军带着两个团的英国正规军前来解决这一问题。布雷多克将军在弗吉尼亚的亚历山德里亚（Alexandria）港登陆，随即又前往马里兰的弗雷德里克敦，让军队在那儿稍作休整。我们的议会得到一些消息，这位将军对议会怀有极大的成见，误以为议会不愿为他的军队服务。议会为了澄清此事，希望我前去接待他，但不是以议员的身份前去，而是以邮政总局局长的身份。这样就可假借是与他商议怎样才能最为快速稳妥地帮他传递与各个殖民地总督之间的信件，因为他必然少不了与这些总督保持通信往来。议会还提出要负担我的旅途费用。于是我在儿子的陪同下出发了。

我们在弗雷德里克敦找到了这位将军。他派了人去马里兰和弗吉尼亚的偏远地区征集运货马车，现在正焦急地等待这些人回来。我跟他在一起待了好几天,每天都陪他一起进餐,有许多机会去打消他对我们的所有偏见。我跟他说,为了协助他作战,议会在他来之前已经切实做了哪些事情,还表示我们仍然愿意全力配合。我正打算离开的时候,征集到的马车送来了,总共只有25辆,而且有些车辆还无法使用。将军和手下的军官们见状都瞠目结舌,认为这次远征已经宣告失败了。他们斥责英国那些愚昧无知的内阁大臣,竟让他们在这个缺乏运输工具的地方登陆。想要运走他们的军需辎重,他们至少需要150辆马车。

我顺嘴说了一句:"可惜你们没在宾夕法尼亚登陆,那里几乎每家农户都有马车。"将军急忙接了我的话茬,说:"那么,先生,您在那里颇有身份,或许能为我们弄到一些马车,我恳请您帮我们这个忙。"我问他愿给马车主人怎样的报酬,他请我把那些我觉得必要的条件写在纸上。我照办了,条件也得到了他的认可。他立即准备了委任状和一些指令。我一到兰卡斯特(Lancaster),就发布了一份公告公布了这些条件。这份公告内容颇为新奇，立即产生了轰动的效果。

公告

兹因国王陛下的军队拟于威尔斯溪（Will's Creek）集结，现需驷马大车150辆，鞍马或驮马1500匹。为此，布雷多克将军授权于我订立雇用上述车马的合同。故特此公告。

本人即日起至下周三晚在兰卡斯特、下周四上午至下周五晚在约克（York），专门办理此相关事宜。上述两地车辆、马匹的租赁条款如下：

一、凡配备4匹良马及1个车夫的马车，每车每日租金15先令；凡配备驮鞍或其他鞍具的良马，每匹每日租金2先令；没有配备鞍具的良马，每匹每日租金18便士。

二、各车马须于下月5月20日及之前抵达威尔斯溪向该地驻军报到，自报到之日起计算租金。此外，将根据各车马往返所需时间，给予适量的空驶补贴。

三、每辆马车及其配具，每匹驯马或驮马，都将由车马主人和本人共同择定公正人士予以估价。服役车马若发生任何意外，将按该估价给予主人赔偿。

四、签订合同当日，物主如有需要，可向本人预支七日租金。余款由布雷多克将军或军需官在任务结束时或按需在其他时间予以支付。

五、马车驭夫或照料马匹的马夫在任何情况下一概不履行士兵义务，也不从事照料车马之外的任何工作。

六、凡由车马运抵至军营的所有燕麦、玉米及其他饲料，超出饲养马匹所需的部分，由军队以合理价格收购，以供军用。

备注：吾儿威廉·富兰克林亦获授权，可与坎伯兰县（Cumberland）任何人签订同类合同。

本杰明·富兰克林

1755 年 4 月 26 日于兰卡斯特

告兰卡斯特、约克、坎伯兰三县居民书

朋友们，乡亲们：

几天前，我偶然去了弗雷德里克的军营，发现将军和几位军官由于没有得到车马而恼怒万分。他们原以为我们地区最有能力，本指望从本地区获得这些车马的援助，但由于总督与议会未能达成统一意见，所以本地区既没有为此拨发款项，也没有采取其他任何援助措施。

有人向将军建议，立即派遣武装军队进入各县，强征所需优良车辆马匹，并强征民众驾驶马车、照料马匹。

我深知这些英国士兵若是在这种情况下进入各县，将会给我们的居民造成巨大的不便，特别是考虑到他们目前正怒火中烧还对我们颇有怨恨。因此我愿不辞辛苦，试以公平公正的方法来解决这一问题。我们这些县郡较为偏僻，居民们近来曾因缺乏现金而向议会抱怨，而如今你们就有一个获得大量现金的好机会。若是此次远征能持续120余天（很可能如此），那么这些车马的租金费用将超过30000英镑，并且全是用国王的金银币来支付。

本次任务轻松简单，因为军队每天只会行进12英里，车马运输的都是维持军队的必需物资，必须随军行进，不能比军队走得快。而且为了军队考虑，无论行军还是扎营，他们都会把车马安置在最为安全的地方。

如果你们果真如同我相信的那样，是国王陛下忠诚善良的子民，那么你们现在就可以为其效忠，而且做起来也不那么困难。如果某家因务农而无法空出一车四马及一个车夫，那么尽可三四家一起合作，一家出马车，另一家出一两匹马，再一家出一个车夫，几家按照比例分得租金。但是，在这样优厚待遇的情况下，如果你们仍不愿尽忠报国，那你们的忠心就会遭到强烈的质疑。国王的任务必须完成。这么多英勇之士，千里迢迢来保卫你们，绝不能因为你们辜负了众人的合理期望而停止前进。因此，车辆和马匹非有不可。若我们不主动提供帮助，军队将有可能采取强制手段。届时大家就只能是落个"敬酒不吃吃罚酒"的下场，也就没什么人会同情、关心你们了。

我与此事没有特殊的利害关系，除了满足行善之心外，只是庸人自扰而已。若是此举无法成功征得车马，那我只好在两周内报告那位将军。那时，我想骑兵团的约翰·圣克·莱尔（John st. clair）爵士会立即率领一队士兵来我们这里强征车马。作为你们诚挚的朋友，我不希望听到那样的消息，愿你们一切都好。

本杰明·富兰克林

我从将军那里领取了约800英镑的资金，作为预支给车辆主人的租金。但是因为这笔款项还不够，我又垫付了200多镑。不到两个礼拜，租赁来的150辆马车及259匹马就朝着军营出发了。公告中承诺，如有车马损失，会按照估价赔偿。不过物主们表示，他们不认识布雷多克将军，也不知他的承诺是否可信，所以坚持要我亲自担保，于是我就给他们写下了保证书。

我在军营的时候，有天晚上跟邓巴（Dunbar）上校团里的军官们一起吃晚饭。上校向我表示了对自己部下的关切。他说，他们大多不怎么宽裕，想要储备一点东西，以应对穿越荒野时的长途行军。不过这个地方物价太贵，他们买不起。我很同情他们的处境，决心尽力为他们弄些补给物资。不过我没有告诉上校我的打算，而是在第二天早上给有权动用公款的议会委员会写了一封信，满怀热忱地介绍了这些军官的情况，恳请委员会考虑给他们划拨一些食物和必需品。我儿子曾在军营待过，了解士兵们的需求，于是给我列了一张清单，我把清单附在了信的后面。委员会批准了我的提议，并且行动迅速。在我儿子的操办下，这些补给物资紧跟着车马送到了军营。补给物资总共20包，每包装有：

方糖6磅

格洛斯特奶酪一块

上等黑砂糖 6 磅

上等黄油一小桶（20 磅）

高级绿茶 1 磅

高级红茶 1 磅

陈年马德拉酒 2 打

高级咖啡粉 6 磅

牙买加烈酒 2 加仑

巧克力 6 磅

芥末粉 1 瓶

上等白饼干 50 磅

精制火腿 2 只

胡椒粉半磅

腌舌半打

上等白酒醋 1 夸脱

大米 6 磅

葡萄干 6 磅

这 20 个包装严密的包裹，由 20 匹马驮着。每个包裹连同驮包的马匹，一起作为礼物送给了每一位军官。军官们收到包裹时千恩万谢，两个团的上校都写信给我道谢，感激之情溢于言表。将军对我帮他征集车马的表现极为满意，爽快地付清了我垫付的钱款，再三向我表示感谢，又请我继续协助他运送给养。我再次接下了这个差事，忙得不可开交，直到得知他战败的消息。我为了运送给养，已经代垫了1000多英镑，于是我寄了一张账单给他。幸运的是，这张账单在战斗打响的前几天寄到了他的手中，他立即寄回了一张1000英镑的汇票，让我向军需官先提取这笔钱，余款留待下次结账时一起结算。我觉得能拿回这笔款项真是万幸，因为余款永远没法拿到了，此事我之后再提。

我认为这个将军是位勇士。他若在欧洲打仗，也许会成为一名优秀的军官。不过他太过自负，严重高估了英国正规军的作战能力，又明显低估了美洲人和印第安人的力量。我们的印第安语的翻译乔治·克罗根（George Croghan），带着100个印第安人参加了他的行军队伍。如果他能善待这些印第安人，让他们做向导、搞侦查等，对军队将大有益处。但他却瞧不起他们，这些人由于被冷落也就逐渐离开了他。

有一天他与我交谈的时候，向我透露了他的一些行进计划。他说："拿下迪凯纳堡（Fort Duquesne）后，我准备向尼亚加拉（Niagara）进发。攻克那里之后，要是季节适宜就直捣弗龙特纳克（Frontenac）。我估计季候不会有问题的，迪凯纳堡一战至多耽搁三四天，到那时，就没什么能够阻碍我向尼亚加拉进军了。"此前我就琢磨过这事，为了穿越树林和灌木丛，他们必得开出一条狭窄的小道来行军，到时队伍一定会拉得很长。我还曾在书中读到过一支 1500 名士兵的法国军队在入侵易洛魁（Iroquois）地区时惨遭失败的先例。因此，我对他的这次军事行动有些怀疑和担忧。不过我只敢这么说："当然了，将军，您率领这支配有那么多大炮的精锐部队，肯定能安全抵达迪凯纳堡，因为个地方防御工事还不完备，听说也没有很强的守卫部队，恐怕抵御不了多久就会被您攻下。我唯一担心的是印第安人的埋伏可能会阻碍您的行军。这些人惯于伏击，精于设计埋伏。而你们的部队在行军中又必须拉成一条细线，从头至尾将近有4英里那么长，目标暴露，很有可能会从两侧遭到偷袭，到那时整支部队就会被敌人截成好几段，之间的士兵会因距离太远无法及时相互支援。"

他笑我愚昧无知，答道："这些野蛮人对于你们缺乏经验的美洲士兵来说可能的确是强敌，但是对于国王训练有素的正规部队而言，先生，他们根本就不值一提。"我意识到与一个军人争辩作战的事情的确不妥，就没再说什么。所幸的是，敌人并没有像我担心的那样趁机袭击他们那绵长的行军队伍，而是不加阻拦地任其前行至了距离目的地不到9英里的地方。部队刚刚渡过一条河，先头部队停下来等待着全军，此时部队较为集中，这里也是沿途最宽阔的林间地带。突然，敌人从树林及灌木丛后面猛烈炮击先头部队，将军这才意识到敌人就在自己附近。先头部队乱作一团，将军催促后面的主力部队上前增援，可部队和马车、辎重以及牲畜搅在一起，场面极为混乱。不久，炮火又开始攻击部队侧翼，军官们骑在马上非常醒目，成了敌人的活靶子，很快就被击落马下。士兵们挤成一团，听不到军官们的指令，呆站在那里任凭敌人射击，直到三分之二的士兵都被击毙之后，剩下的士兵才落荒而逃。

车夫们各自从车队中解下马匹，骑着马惊慌失措地逃跑了，其他人也紧接着效仿。结果，所有的马车、供给、军火以及辎重都留给了敌人。将军受了伤，好不容易才被救了出来，而他的秘书谢利先生在他身旁中弹而亡。86位军官中，63位或死或伤，1100名士兵阵亡了714名。这1100多名士兵都是从全军挑选出来的精锐，其余部队则是留在后方归邓巴上校统率，负责运送较重的给养品、粮食及辎重。那些逃跑的人没有受到敌人的追击，他们一路逃到邓巴的军营，带来的恐慌情绪立即扰乱了邓巴上校和他所有部下的军心。虽然邓巴现在有1000多人，而打败布雷多克的印第安人和法国人加在一起最多也不超过400人。然而，邓巴上校非但没有向前进军，竭力挽回损失的声誉，反而下令销毁所有的给养和军火等物资，好减轻负荷，以便有更多的马匹使他得以尽快逃回殖民地。当时弗吉尼亚、马里兰和宾夕法尼亚的总督们请他屯兵边境，以便保护境内居民，但他只顾着仓惶撤退，一路穿过这些地区直抵费城才觉得自己平安无事，因为费城的居民可以保护他。整件事情使我们美洲人第一次对英国正规军产生了怀疑，我们原本对英国正规军的勇猛推崇备至，而这其实毫无根据。

此外，英国军队从登陆到穿过居民点，整个行军过程简直无所不为，一路抢掠，搞得一些贫苦的家庭彻底崩溃。遇到反抗的民众，动辄侮辱虐待，甚至还将他们囚禁起来。这些所作所为让我们对这些所谓的保卫者失去了信心，假使我们真的需要别人保卫的话。这与我们法国朋友的做法实在是有着天壤之别。1781年，法国人从罗德岛开赴弗吉尼亚，穿过人口最为稠密的地带，行军将近700英里却分毫未取，沿途居民没有丢过一头猪、一只鸡，甚至一个苹果。

将军的副官奥姆（Orme）上尉和将军一起被救了出来，他受了重伤，一直陪着将军，直至几天后将军去世。奥姆上尉告诉我,将军第一天什么话也没说,只在晚上说了一句"谁能预料呢",第二天便又再一次陷入沉默,最后只说了一句"下次我们就知道怎么对付他们了,"说完之后几分钟就去世了。

秘书的文件资料都落到了敌人的手中,包括将军的所有命令、指示以及书信。他们挑选了一些,译成法语印了出来,向外界证实了英国人在宣战之前就已有敌意。在这些公开的文件中,我看到了几封将军写给内阁的信,信中对于我为英军所做的巨大贡献赞誉有加,还提请内阁给予我关注。大卫·休谟(David Hume)几年之后做了驻法大使赫特福德(Hertford)勋爵的秘书,后来又做了国务大臣康韦(Conway)将军的秘书。他告诉我,他曾在内阁办公室的文件中,见过布雷多克力荐我的信件。不过由于这次远征失利,人们似乎觉得我的贡献也没什么价值,因此那些推荐信对我也从未发挥过什么作用。

至于对将军本人给予的奖励,我只要求过一个,那就是请他命令部下不再征募我们买来的契约奴仆,并将已经征用的予以归还。他爽快地答应了，因此有几个契约奴仆在我的努力下被送还给了他们的主人。不过邓巴接管军权后，就没有这么慷慨了。他撤退到费城后，更确切地说，是溃逃到费城后，我请他释放从兰卡斯特三个贫穷家庭征募来的几个仆役，并提醒他已故将军在这方面所下的命令。他向我承诺，他的军队要开往纽约，过几天会经过特伦顿（Trenton），让仆役的主人去那里找他，他就将那些仆役还给他们。仆役主人费力伤财地赶往特伦顿，可邓巴却食言了，致使他们蒙受了巨大的损失，让人失望至极。

损失车马的消息一经传开，所有的车马主人都来找我，要求我根据担保按价赔偿，这让我陷入了巨大的麻烦。我告诉他们，赔款已在军需官手中，但必须先要谢利将军下令，军需官才会付钱。我请他们放心，我已经致函那位将军申请赔偿了，不过路途遥远，不可能这么快就得到回复，请他们保持耐心。但是这番话无法满足大家的要求，有人开始对我提起诉讼。最后，谢利将军终于使我摆脱了这个困境。他指派了几名专员前来审查索赔事宜，之后下令付款。赔偿总额达到了两万英镑之巨，如果这笔钱由我来支付的话，我就要破产了。

在我们接到战事败北的消息之前，两位叫邦德的医生曾带着捐款簿来找我，打算为一场大型烟火表演募款。他们准备在收到攻克迪凯纳堡的捷报后，在欢庆会上举行表演。我神情严肃地说，等我们收到了可以狂欢的消息再开始准备也不迟。我没有立即附和这个提议让他们感到非常惊讶。"为什么呀？"他们中的一人说道，"你该不会以为迪凯纳堡攻不下来吧？""我没觉得它攻不下来，而是知道战事有着很大的变数。"我告诉了他们我之所以怀疑的理由，募捐就此作罢，其倡导者也因此避免了一场尴尬。邦德医生后来在某个场合说道，他不喜欢富兰克林的预感。

在布雷多克还没打败仗的时候，莫里斯总督提交了一封又一封的咨文去搅扰议会，企图迫使议会制定为地区防务筹集资金、但不可向领主的财产征税的法案，且否决了所有不包含这类豁免条款的议案。如今总督变本加厉，因为处境越危险，防务越迫切，他的企图也就越有希望成功。不过，议会仍然毫不动摇，相信正义是属于他们的，而且若是听任总督修改议会的财政议案，就等于放弃了他们的基本权利。实际上，在最近一项拨款5000英镑的议案里，总督提出只修改一个字。原议案为："所有动产、不动产均将征税，领主的财产也包括在内。"他将"也"改成了"不"。虽然只是一字之差，意义却全然不同。一直以来，我们都谨慎小心地把议会对总督咨文的答复寄给我们在英国的朋友，所以，当败北的消息传到英国后，这些朋友就哗然指责领主们竟对他们的总督下达这样卑鄙、不公正的指示。甚至有人说，既然领主们阻碍地区防务，那么也就无权拥有这些地区。领主们受此威吓后便给征税总管下令，不管议会通过了多少防务经费，自己均另行追加5000英镑。

议院知晓此事后，便收下了这5000英镑，以此替代领主们的应缴税款。而一项包含了豁免条款的新议案也随之通过了。按照该法案，我被任命为负责处理这笔经费的委员之一，处理这项总额达60000英镑的拨款。我积极参与了该法案的起草工作，并且努力使之获得了通过。与此同时，我还起草了组建和训练一支志愿民兵组织的议案，且没费什么周折就在议院中通过了，因为其中明文规定，贵格会教徒可以自由行事。为了促成民兵组织的成立，我撰写了一篇对话体文章，陈述了我所能想到的所有反对意见，并对这些意见进行了有力的反驳。后来文章印刷发表了，如我所料地产生了巨大的反响。

正当城里和乡村的几个兵团在组织筹建和训练的这段时间，总督说服了我去负责西北的边防。那儿不时有敌人侵扰，因此总督要求我去招募士兵组建兵团，沿线建立堡垒以保卫那里的居民。尽管我自认为不够资格承担这样的重任，但还是接下了这项军事任务。他给了我一份全权委任状和一摞空白的军官委任状，让我颁发给我认为合适的人选。我很轻松地就招募到了士兵，很快手下便有了560人。我儿子在先前与加拿大的战争中曾是一名军官，现在担任我的副官，帮了我很大的忙。那时，印第安人已经焚毁了摩拉维亚教徒居住的吉内登哈特（Gnadenhut）村，屠杀了当地的居民，但我们认为这个地方是建筑炮台的一个好据点。

为了往吉内登哈特进军，我在摩拉维亚教徒的大本营伯利恒（Bethlehem）集合了部队。我惊讶地发现，伯利恒的防卫工作做得非常好，因为吉内登哈特的毁灭让他们意识到了危险。他们在重要建筑物的周围都立起了栅栏，还从纽约买来了大量的武器弹药，甚至在高大石屋的窗户之间放置了大量的铺路石。这样一来，在印第安人企图入侵的时候，妇女们就可以从上面扔石头砸向他们的脑袋。教徒们也拿起武器，轮班放哨、休息，如同任何有部队驻守的城镇一般有条不紊。在与斯潘根贝格（Spangenberg）主教谈话时，我提及自己的惊讶，因为我知道议会通过了一项法案，豁免了他们在殖民地服兵役的义务，我还以为他们是绝对不会拿起武器参与战争的。他回答我说，参与战争不是他们教派的既定原则，不过获得了该项豁免以后，有人就以为他们大多数人都是反战的。但是这一次，他们惊讶地发现，遵守这条原则的教友寥寥无几。这么看来，他们要么是欺骗了自己，要么就是欺骗了议会。不过在面临危险的时候，那些异想天开的观念在常识面前不值一提。

我们一月初就开始着手修筑堡垒了。我派了一支分队前往密尼辛格（Minisink）地区，命令他们建造一座堡垒，用以保护北部地区的安全；又派了另外一支分队去南部地区完成类似的任务；最后我亲自带领其余士兵奔赴吉内登哈特，那里建造堡垒的任务最为迫切。摩拉维亚教徒们为我们找了5辆马车来运输我们的工具、补给品及辎重等。

正当我们要离开伯利恒的时候，11个被印第安人从自家农场赶出来的农民找到我，要我给他们提供一些武器，以便回去夺回自己的牲畜。我给他们一人发了一杆枪和一些弹药。我们还没走几英里，天就开始下起雨来，而且绵绵不绝下了一整天。路上没有可以躲雨的地方，将近傍晚才在一个德国人的房子里落了脚。我们浑身湿淋淋的，在他家谷仓里挤了一晚。还好我们在路上没被袭击，因为我们的武器极为普通，士兵们也无法在雨中保持枪机干燥。印第安人对此倒是有巧妙的办法，而我们却束手无策。印第安人那天遇到了那11个可怜的农民，杀死了其中的10个。唯一逃脱的那个人说，因为引火药被雨淋湿了，所以他和同伴们的枪都哑火了。

第二天，天放晴了，我们继续前进，终于抵达了荒凉的吉内登哈特。村庄附近有一家锯木厂，周围还剩下几堆木板，我们用这些木板很快就搭起了些木屋子。我们没有帐篷，所以在这样寒冷的季节里搭建木屋非常必要。我们的首项工作就是把在那里发现的尸首妥善埋好，乡民们先前只做了些简单的收殓。

第二天早上我们便设计好了修建堡垒的方案，并标出了界限范围。堡垒周长455英尺，需要455根直径1英尺的树桩，一根挨着一根连起来围成栅栏。我们立即把手里有的70把斧头全部拿来砍树，士兵们都是操斧能手，砍树砍得非常快。我看到树木纷纷倒下，对士兵们砍树的速度心生好奇，于是在两个士兵开始砍松树的时候，我就看着自己的手表开始计时，我发现，不到 6 分钟，一棵直径 14 英寸的松树就被砍倒在地了。我们把每棵松树都截成了 3 根 18 英尺长的木桩，然后把木桩的一端削尖。在一些士兵准备这些树桩的时候，其他士兵就在堡垒四周挖出 3 英尺深的围沟，以便把这些木桩插入土中。我们卸下马车的车身，拔出前后轴连杆的钉子，将马车前后轮分开。这样，我们就有了 10 辆二轮马车，每两匹马拉一辆车，把那些木桩从树林里运到围栅栏的地方。这些木桩都竖好之后，木工们在栅栏内部用木板搭建了一圈约 6 英尺高的平台，以便士兵们站在上面通过射弹孔向外射击。我们把回旋炮架在了平台的一个角落里，一经装妥就立即开炮了，好让那些可能潜伏在附近的印第安人知道，我们手里有这样的重型武器。尽管每隔一天就会下雨，士兵们没法干活，可还不到一周的时间，我们就建好了堡垒（如果这么简陋的栅栏能冠以这么雄伟的名字的话）。

这件事让我发现，人们专心工作的时候，往往最为满足。工作的那几天，他们都心平气和，心情愉悦。而到了晚上，一想到妥善完成了整整一天的工作，他们也感觉非常高兴。可闲暇无事的那几天，他们变得惹是生非，争吵不断，不是嫌猪肉不好，就是嫌面包太硬，脾气一直很差。这让我想到一个船长，他的原则就是让船员们一直干活儿。有一次大副告诉他，船员们把所有的事情都做完了，再也没有什么需要做的了。他就说："噢，那就让他们擦洗船锚吧。"

虽然这种堡垒十分简陋，但却足以抵挡没有大炮的印第安人。我们现在有了安全的据点，必要时也有路可退，就开始大着胆子派小分队去巡察邻近区域。我们没有遇到印第安人，但却在临近的小山上发现了他们监视我们行动的窝点。值得一提的是，这些窝点设计得非常巧妙。当时正值冬天，他们需要生火，但如果像平常一样在地面生火的话，敌人老远就能凭着火光发现他们。于是，他们就在地上挖了一些直径和深度都大约3英尺的地洞。我们看到洞里有木炭，那是他们用斧子从林中烧焦的木头上砍下的。他们用这些木炭在地洞底部生起小火。

观察洞口被压的野草印迹后，我们发现，他们可以躺在洞口周围的杂草上，腿悬在洞内以保持脚部的温暖，这对他们来说非常重要。用这种方式生火，对手看不到火光、火焰、火星，甚至连烟也看不到，也就发现不了他们。看来他们人数不多，而且似乎他们发现我们人多势众之后，就知道袭击我们也占不了什么好处。

我们的军中牧师贝蒂（Beatty）先生是一位热忱的长老会牧师。他向我抱怨说，大多数士兵都不参加祷告和布道。我们征募士兵的时候，曾经答应过他们，除了饷银和食物外，每天还将准时分发四盎司①朗姆酒，上午发一半，傍晚发另一半。我发现士兵们领酒都非常准时，于是对贝蒂先生说："让你负责发放朗姆酒或许有失身份，但如果你在祷告结束时再发酒，所有人都会前来参加祈祷的。"他觉得这个提议不错，就接下了这件事，有几个人帮着他一起发酒，结果大家都很满意。他布道时从没来

---

① 原文为"a gill of"，是一个英美制容量单位，一吉耳等于半品脱或四盎司（约为118.3毫升）。——译者注

过这么多听众，大家也从来没有这么准时过。因此，我觉得与其用军规惩罚不参加礼拜的人，还不如采用这种方法更为妥当。

刚刚完成这些事务，在堡垒里备足了粮草，我就收到了总督的来信。信中说他已经召集了议会，如果边防的形势不再需要我留守的话，希望我能够回去出席会议。议会的朋友也给我写了信，极力劝说我尽可能地参加会议。我计划建立的三座堡垒现在都已完工，在堡垒的保护下，居民们也安心地留在了自家的农场里。于是，我决定回去。我之所以能安心回去，还因为有克拉彭（Clapham）上校在那儿。他是新英格兰人，参加过印第安人战争，前来参观我们的设施的时候，同意了担任军队的指挥官。于是我给了他一张委任状，在检阅驻军时让人当众宣读，将他介绍给全体士兵，告诉大家这是一位有着出色军事技能的长官，比我更适合统领他们。在说了几句劝勉的话之后我就离开了。他们将我一直护送到了伯利恒，我在那里休息了几天，缓解这段时间的疲劳。在那儿的第一天晚上，我躺在舒适的床上几乎无法入眠，因为这与在吉内登哈特的小屋里，裹着一两条毯子睡在硬邦邦的地板上相比，简直是天壤之别。

在伯利恒的时候，我稍稍打听了一些摩拉维亚教徒的风俗习惯。有几个教徒一直陪着我，所有人都对我十分友善。我发现他们实行共产制，集体进餐，集体住宿。我发现宿舍天花板下方的四周墙上，每隔一段距离就留有一个小孔，我猜想这样做是为了空气流通，真是巧妙的设计！我去了他们的教堂，在那里听到了小提琴、双簧管、长笛、单簧管伴着风琴奏出的美妙旋律，心情十分愉悦。我还了解到，他们的布道习惯与我们通常的做法不同，一般不把男女老少混合在一起，而是分开召集起来布道，已婚男人，已婚妇女，未婚小伙子，未婚女子，还有小孩子，各有各的时间。我听的那场布道是针对孩子的。孩子们挨个走进来后，一排排地坐在长凳上。男孩们由一个年轻男子带队，女孩们则由一个年轻女子带队。布道的内容似乎很适合孩子们。布道者声音愉悦，语气亲切，劝导他们要做一个好孩子。

孩子们保持着很好的纪律，不过看起来脸色苍白，似乎健康欠佳。我猜想他们可能是待在室内太久了，或是没有得到足够的锻炼。

我还打听了摩拉维亚派的婚姻风俗，想知道他们是否真像传闻中说的那样，以抽签的方式决定配偶。他们告诉我抽签的方式只有在特殊情况下才会用到。通常，年轻男子打算结婚的时候，就去告诉他们那儿的男性长辈，男性长辈再去找掌管年轻女孩的女性长辈商量。由于双方长辈非常了解各自所带的年轻人的脾气性情，所以他们最能判断怎样配对才最为合适，通常他们的决定都会得到男女双方的默许。不过，比方说，如果碰巧发现有两三个年轻女孩都同样适合一个年轻男孩，那么就会借助抽签的方法来决定。我反驳道，如果婚姻不是出于双方的自愿选择，那么有些婚姻或许并不幸福。告诉我这件事的人答道："即使男女双方自愿选择，也会有不幸福的婚姻。"关于这一点，我的确无法否认。

回到费城后，我发现民兵联盟发展得非常顺利。除了贵格会教徒外，其余居民大都加入了。他们组成了许多连队,还根据新法律选出了自己的上尉、中尉和少尉。邦德医生前来看我,说他费尽了千辛万苦,才让这项法律被大家普遍接受,而这在很大程度上归功于他的努力。此前我虚荣地认为,这一切都应归功于我写的那篇《对话》,但现在觉得他说的也有道理,就让他自鸣得意去吧。遇到这种情况,我觉得这往往是最好的做法。军官们开会选我做军团的上校,这次我接受了这个职位。我不记得我们共有多少个连队,不过检阅时约有1200名威武的战士,还有一个配有6门黄铜野战炮的炮兵连。炮兵们技术纯熟,每分钟能发射12枚炮弹。在我首次检阅部队后,他们将我护送回家,还在我家门口向我鸣炮致敬,把我电学实验设备上的玻璃都震下来摔碎了。事实证明,我这新的荣誉也同样易碎,因为不久后,我们的所有委任状都因为英国的一项法律被废除而撤销了。

在担任上校的短暂任期内,有一次我准备动身去弗吉尼亚,团里的军官们突发奇想,认为应该把我护送到城外的下渡口。我刚骑上马,三四十个身穿军装的将士就骑马来到了我家门口。我先前不知道他们有这个计划，否则一定会劝阻他们，我向来不喜欢在任何场合显摆，他们的出现让我很是尴尬，但此时又无法不让他们护送。更糟糕的是，我们一出发，他们就拔刀出鞘，一路举刀骑马前行。有人把这件事报告给了领主，惹得他大为不悦，因为他在这儿时从未受过如此礼遇，他的那些总督们也没有享受过如此殊荣，还说，只有王室才配得上这样的待遇。或许确实如此，但无论是过去还是现在，我都不清楚这种场合应该遵循什么礼节。

　　这件愚蠢的事情，极大地加深了领主对我的敌意。在此之前，由于我在议会中关于免征他的财产税一事的言行，他就已经对我相当不满了，因为我总是强烈反对这种豁免，而且每次都严厉地批评他这种卑鄙、自私的抗税行为。他向内阁控告我严重妨碍了国王的防务工作，说我利用在议院中的影响，阻挠了合理筹款法案的制定。他还以军官们护送我出行的事情举例，用以证明我意欲通过武力从他手中接管本地区。他还要求邮政总局局长埃弗拉德·福克纳（Everard Fawkener）爵士罢免我的职务。不过他只是徒劳而已，埃弗拉德爵士只是委婉地对我劝告了一番。

总督与议院一直争论不休，而我作为议院成员在很大程度上也参与了争论。尽管如此，我和总督这位绅士却一直保持着谦恭有礼的关系，从未产生过嫌隙。我有时候会想，他明知是我起草的咨文答复，却甚少或者毫不憎恨我，这可能是出于他的职业习惯。他是律师出身，或许仅把我们看作一场诉讼中双方当事人的辩护律师，他代表领主，我代表议会。因此，有时他遇到了难题也会友好地找我商量，偶尔还会采纳我的建议。

那时，我们议会和总督同心协力地为布雷多克将军的军队输送给养。当将军败北这一令人震惊的消息传来时，总督急忙派人来找我共商对策，以免那几个偏远县郡遭到遗弃。我忘了自己当时给了什么建议，不过我猜想，我的建议大概是给邓巴将军写信，说服他如有可能，就暂时把军队驻扎在边界，以便保护那些县郡，等到各殖民地的援军抵达、兵力增强之后,他再继续远征。我从边界回来之后,总督让我带着本地区的军队远征去收复迪凯纳堡。当时,邓巴和他的军队正在执行其他任务,于是总督提议任命我为将军。我自知没有他所宣称的那种军事才能,也相信他对我的评价高于他对我的真实看法,也许是他认为我的声望更容易招募到士兵,而且以我在议会的影响,或许不向领主征税就能得到拨款以充军饷。他见我不像他所预期的那么积极,计划就被搁置了。不久之后他便离任了,由丹尼上尉继任。

第 8 章
电学成就斐然

在接着叙述我在新总督任职期间参与的公共事务之前,不妨在此先讲讲我在科学领域取得的成就和声誉吧。

1746 年,我在波士顿遇到了刚从苏格兰来这儿不久的斯彭斯博士,他向我演示了一些电学实验。他对电学不是特别精通,因此这些实验做得不尽完美。但由于这一学科对我来说十分新奇,所以我还是对此感到又惊又喜。我回到费城后不久,我们的图书协会就收到了伦敦皇家学会会员 P. 柯林森(P.Collinson)先生寄来的礼物——一根玻璃管,附有如何用它做此类实验的说明。我急切地抓住这个机会，重复我在波士顿看到的实验。通过多次练习，说明书上的那些实验我已做得游刃有余，而且我还增加了许多新的实验。之所以说"多次练习"，是因为有段时间我家总是挤满了来看这些新奇现象的人。

为了让朋友们稍微分担一些压力，我让玻璃作坊吹制了些类似的玻璃管。这样一来，他们自己也能做实验了，于是我们有了好几个会做实验的人，其中最主要的当属我的邻居金纳斯利（Kinnersley）先生。他才思敏捷，当时正处于失业状态，于是我就鼓励他去演示这些实验来赚钱，还专门替他写了两篇讲稿。稿子里按照实验的先后顺序，对实验方法分别做了解释说明，如此，观者听了演讲之后就有助于理解之后的实验内容。他为此还弄来了一套精制的设备。我先前自制的那些粗糙零件，他现在都让仪器制造商精制了一份。很多人都前来听他演讲，听后也很是满意。过了一段时间，他开始周游各地，将这些实验在各个殖民地的主要城镇演示，借此赚了些钱。不过在西印度群岛，由于空气潮湿，在那儿演示这些实验可不太容易。

我们很感激柯林森先生惠赠的玻璃管等礼物，我认为应该告诉他我们用玻璃管做实验所取得的成就。于是，我给他写了几封信介绍了我们的实验。他在伦敦皇家学会里朗读了这些信件，但起初大家认为这些信件不值得重视，没有把它们刊印在会刊上。我为金纳斯利先生写过一篇文章，讲述了关于闪电与电的相似性。我把这篇文章寄给了我的朋友米切尔（Mitchel）博士，他也是皇家学会的会员。他回信告诉我说文章在会上宣读了，但遭到了行家们的嘲笑。然而，福瑟吉尔博士看到那篇文章时，却认为它们具有重要的价值，不应被埋没，并建议刊印出来。柯林森先生将文章交给凯夫（Cave），让他刊登在他的《绅士杂志》上。但凯夫却决定把文章单独印成小册子，福瑟吉尔博士为这本小册子作序。看来凯夫的生意算盘打对了，加上我后来陆续寄去的文章，小册子增印成了一个四开本的合集，已经出版了五版，可他却没支付过一分钱的稿费。

不过，这些文章在相当一段时期内并未在英国受到广泛关注。一位在法国乃至全欧洲都享有盛誉的科学家布丰（Buffon）伯爵偶然间看到了这本论文集，便说服达利巴尔（Dalibard）先生将文章译成法语，并在巴黎出版了。这些文章出版后，惹恼了王室的科学导师诺莱（Nollet）神父。他是一个能力出色的实验科学家，此前就已形成了一套电学理论并已将其出版，该理论当时备受欢迎。他起初不相信这样一本著作竟出自一个美洲人之手，认为这肯定是他在巴黎的对手为了贬损他的理论体系而捏造出来的。后来他查明了确实是有一个叫作富兰克林的费城人——虽然他一度怀疑这人是否真实存在，之后他还撰写并出版了一卷公开信，主要是写给我的。在信中，他为自己的理论辩护，否定我做的实验，还否认了由此推断而来的结论的真实性。

　　我一度想要回应这位神父，也已经写下了开头，但考虑到我的文章是对这些实验的描述，任何人都可以重复这些实验来证实我的观点；如果实验无法证实，那么辩论也是无用的。再者，实验结果仅仅是作为一种推测提出来的，而非当作信条宣布的，我没有义务为之辩护。我又考虑到，两个使用不同语言的人辩论，可能会由于翻译不当而使双方产生误解——神父有一封信的大部分内容就是以一个错误的翻译为根据的，这样一来，整个辩论就会大大延长，变得没完没了。我最后决定还是不为那些文章争辩了，与其为做过的实验争论不休，还不如在公务之余做一些新的实验。因此，我从未回复过诺莱先生，后来也证明了我这做法是对的，因为我的朋友、皇家科学院的勒罗伊（le Roy）先生替我反驳了他。我的书被译成了意大利语、德语和拉丁语，书中的理论逐渐被欧洲的科学家广泛接受，最终取代了那位神父的理论。在诺莱先生有生之年，除了他在巴黎的亲传弟子 B 先生，就仅剩他自己还信奉着他的那套理论了。

达利巴尔和德洛尔（de Lor）两位先生根据我文章中的一个实验，在马尔利（Marly）成功地将闪电从云层引至地面，这事在当时轰动一时，也使得我的书突然名声大噪。德洛尔先生有些实验设备，给人讲授实验科学，试着重复了我的实验，也就是他所谓的"费城实验"。在他给国王和王室成员演示过后,巴黎所有好奇的人都蜂拥而至前来观看。不久之后,我在费城用风筝做了一个类似的实验,实验很成功。在这里,我不想赘述他们那个重要的实验,也不想再絮叨我在费城成功完成实验之后的无尽快乐,因为两者在电学史上都有记载。

英国物理学家赖特(Wright)博士当时在巴黎,他给英国皇家学会的一位朋友写信,说我的实验受到了海外学界的高度重视,他们非常纳闷为何我的文章在英国没引起什么关注。于是,皇家学会这才重新考虑那些曾经给他们宣读过的信件。著名的沃森(Watson)博士把这些信件以及我之后寄到英国的那些同一学科的文章,综合成了一篇概述,还加上了一些对作者的赞美之词。这份概述后来刊登在了他们的会刊上。以聪睿的坎顿(Canton)先生为首的一些在伦敦的皇家学会会员,用一根尖杆验证了从云层中可引电至地面的实验,并且把实验成功的消息告知了学会。很快,他们便不再像以前那样轻视我了,未经我提交申请,就主动选我为学会会员,还通过投票,一致决定我可以免缴纳 25 基尼①的入会费，此后还一直免费给我发放会刊。同时，他们还授予我1753年度的戈弗雷·科普利（Godfrey Copley）爵士金质奖章。颁奖仪式上，学会会长麦克莱斯菲尔德（Macclesfield）勋爵发表了精彩的演讲，给予了我高度赞扬。

我们的新总督丹尼上尉替我从皇家学会把那枚奖章带了回来，在市府为他举办的接风宴上将奖章颁发给了我，同时还十分客气地表达了对我的敬仰，还说对我的品德早有所闻。晚宴过后，大家都在按照当时的习俗饮酒，他把我带到另一个房间，告诉我他英国的朋友们劝他跟我交朋友，说我能给他最好的建议，还能辅佐他顺利执政。因此，他非常希望能与我建立良好的关系，也向我保证只要是力所能及之事，他随时愿意为我效劳。此外，他还对我说了许多关于领主对本地区如何仁义的话。他说如果不再像过去那样长期持续地反对他的举措的话，他和民众就能恢复和谐的关系，这对我们所有人都有好处，尤其是对我，因为大家都认为能促成这一

---

① 一种英国旧货币名，1基尼=1.05英镑。——译者注

局势的人非我莫属,而且,我也能因此得到丰厚的酬谢,等等。宴会上的人发现我们没有立即回到席上,就给我们送来了一瓶马德拉酒,总督开怀畅饮,酒喝得越多,他的言辞就越发恳切,给我的许诺也越多。

我的回答大意如下:感谢上帝,我的境况尚可,不需要领主的奖赏,而且作为议会的一员,我也不可能接受;再者,我与领主没有私人恩怨,因此只要他提出的公共举措对人民有益,我会比任何人都更加热心地予以推行;我过去之所以持反对意见,是因为领主所主张的那些举措显然仅对自己有益,却严重损害了人民的利益;我非常感激总督对我的尊重,也表达了我愿竭尽所能地帮他执政,同时也希望他没有带着什么令人遗憾的指示而来,因为那样的指示曾使往届总督处处受人牵制。

他当时没有为此给自己辩解,不过后来与议会接触时,那些指示还是出现了,于是双方纷争又起,我也一如既往地强烈反对。作为议会的执笔人,我首先起草了一个请求,希望能够查看那些指示,后来又写下了对这些指示的评论。这些资料可以从当时的议会决案和我后来出版的《历史评论》中找到。但其实我们私下并无敌意，还经常聚在一起。他是个见多识广的文人，谈吐十分风趣。他这才告诉我，我的老朋友詹姆斯·拉尔夫还活着，而且还被认为是英国最优秀的政论作家之一。拉尔夫曾参与了弗雷德里克亲王与国王的辩论，因此获得了300英镑的年薪。可作为一个诗人，他就没什么名气了，蒲伯在《愚人记》中曾毫不留情地贬低了他的诗歌，不过，人们却都认为他的散文是一流的。

终于，议会发现领主还是顽固不化地执意用诸多指令束缚总督，这些指令不仅损害人民权益，也有碍于向王室效忠。于是议会决定向国王请愿来驳回那些指令，指定了我为代理人前往英国呈递请愿书并争取支持。议院此前曾向总督提请过一项议案：要求拨发总额六万英镑供国王使用［其中10000英镑由时任将军劳登（Loudoun）勋爵支配］，但总督却依照领主的指示否决了这一议案。

我已经跟纽约邮轮的莫里斯船长约好，搭他的船前往英国。在我把行李物品搬上船后,劳登勋爵来到了费城。他说他是特意来促成总督和议会达成和解的,不要因为双方的分歧而妨碍了对国王的效忠。所以,他希望总督和我本人去见他,以便听取双方的说法。我们见面之后商讨了这件事情,我代表议会,力陈当时我写的那些论据,所有的内容都可从公开文件里找到,因为当时是我起草的,和议会的会议记录一起刊印的。总督则是为那些指令辩护,还说他已承诺会遵照指令,如若不然就是自毁前程。但如果是劳登勋爵来劝说的话,他也愿意冒险不顾那些指令。勋爵并没有去劝说总督,我还一度以为我就要说服他了,但他最终宁愿选择让议会顺从总督,还恳请我为此出力。他明确表示,不会调遣国王的一兵一卒来守护我们的边疆;如若我们不持续加强防御的话,这些地区就容易受到敌人侵犯。

  我向议院报告了谈话的内容,并提交了一套由我起草的决案,其中声明了我们的权利,表示我们并没有放弃这些权利,只是如今为外力所迫,不得不暂缓我们的主张，并对我们所遭到的胁迫表示抗议。议院最终同意放弃先前的那份议案，另起了一份更加符合领主指示的。总督自然通过了这项新议案，此时我也终于可以起航了。但就在这几天，邮船已经载着我的行李离开了，这给我造成了一定的损失，可我唯一的补偿就是勋爵的几句感谢我帮忙的话语，而调解的所有功劳却都是他的。

勋爵要比我先动身去纽约，当时港内还有两艘邮船，启航的时间由他决定。他说其中一艘不久就会起航，我请他告诉我确切的出发时间，以免我有什么延误而错过这条船。他回答说："我对外公布的时间是下周六，但我可以私下告诉你，你最迟可以在周一早晨上船，再晚就来不及了。"由于在渡口意外受阻，我赶到时已是周一中午，当时正是顺风天气，我担心船已开走了，但很快就松了一口气，因为得知船还停在港口，要第二天才会出发。大家以为我马上就要出发去欧洲了，我也是这么认为的。但我那时还不怎么了解勋爵的性格，不知道优柔寡断是他最大的特点，我将举几个例子来说明。我大约是四月初到达纽约的,我记得差不多六月底才得以出发。当时两艘邮船因为迟迟等不到勋爵的信件,已经停在港内很久了,可他总说第二天就能写好信。后来又有一艘邮船到了,也被耽搁在港里。在我们出发前,第四艘邮船就快来了。因为我们那艘停泊的时间最长,所以就最先出发了。那艘船的所有舱位都订完了,有些乘客急不可耐地要走,商人们也为他们投有保险的秋季货物订单以及商品许可证的期限将近而感到烦忧(当时是战争时期)。但是他们再怎么焦虑也毫无用处,因为勋爵的信件还没写好。每个去拜访勋爵的人都会发现,勋爵总是拿着笔坐在书桌前,都以为他肯定要写大量的信件呢。

有一天早晨我前去拜访勋爵,在接待室里见到了一个从费城来的名叫英尼斯(Innis)的信使,他是特地赶来把丹尼总督的一包信函交给将军的。他也交给我几封费城朋友的来信,于是我问他准备什么时候返回费城,以及他住在哪里,我好让他帮我捎几封信回去。他说,勋爵让他明早9点来取给总督的回信,之后就立即出发。我当天就把信交到了他的手中。结果两星期后,我又在同一地点见到了他,我说:"英尼斯,你这么快就回来啦?""回来?不,我还没走呢。""怎么会这样?""这两个星期,我每天早上都奉命前来取勋爵的信件,可到现在都还没写好。""怎么会呢?他可是出色的作家,我经常看见他坐在写字台前伏案疾书啊。""是的,"英尼斯说,"不过他就像招牌上的圣乔治一样,总是骑在马背上,却从不往前走。"看来信使的这番评论并不是凭空捏造的,因为我到了英国之后,得知皮特(Pitt)先生罢免了勋爵,派了阿默斯特(Amherst)和沃尔夫两位将军接任,罢免的理由之一便是大臣们从来都收不到他的来信,根本不知道他在做什么。

乘客们就这样天天盼着起航,三艘邮船都驶往了桑迪胡克(Sandy Hook),以便与那里的舰队汇合。乘客们觉得最好是待在船上,以免船只突然接到起航的命令,自己会被落下。如果我没记错的话,我们在那里大概等了6个星期,大家都把自己的储备食品全都吃完了,只得再去添购。最后舰队终于出发了,将军和他所有的将士乘船前往路易堡,打算围攻并夺取那里的要塞。所有邮船奉命要跟随将军的船只一起前往，好随时准备接收他备好的急件。我们的邮船在海上跟了5天才拿到一封准许我们离开的信件，于是我们离开舰队向英国驶去。将军仍然留着另外两艘邮船，一起带去了加拿大的哈利法克斯（Halifax）。他在那里待了一段时间，让将士们对着假想堡垒进行攻击演练。后来他放弃了围攻路易堡的打算，带着全班人马包括那两艘邮船和船上的全体乘客又返回了纽约！他不在的那段时间，法国人和印第安人攻下了纽约边境的乔治堡（Fort George），印第安人还屠杀了许多驻守的士兵。

后来我在伦敦见到了其中一艘邮船的船长邦内尔（Bonnell）。他告诉我，当时他的船被滞留了一个月，他向勋爵报告说船底长满了藻类等物，必然会影响邮船的航行速度。这对邮轮来说是个非常严重的问题，于是就请勋爵给他一些时间，将船只侧翻过来清除船底。勋爵问他需要多久，他回答说3天。勋爵答道："如果你能在一天之内清理干净，我就答应，否则不行，因为你后天必须起航。"就这样，他从未获得批准，尽管后来日复一日地又延误了整整三个月。

我在伦敦还见到了邦内尔船长的一名乘客。他极其气愤，因为勋爵欺骗了他，让他在纽约滞留了那么久，还把他挟持到哈利法克斯，之后又把他带回纽约。他发誓要对此提起诉讼，要求赔偿损失。我不知道他后来是否真的提起了诉讼，不过，据他所说，这害得他的事业遭受了重创。

总而言之，我实在想不明白，为何这样一个人竟被委以统率大军的重任。不过，随着我涉世渐深，见识了捞取地位的卑劣手段，以及封官赐爵的背后图谋，也就见怪不怪了。布雷多克去世后，军权移交给了谢利将军。在我看来，如果谢利将军一直在位的话，他的战绩必然要比劳登1757年的出色得多。劳登指挥的军队轻率妄为、铺张浪费，使我们的国家蒙受了难以想象的耻辱。尽管谢利自身不是行伍出身，但他明理睿智，纳谏如流，有着战略远见，执行计划时也雷厉风行。而劳登非但没有率领大军保卫殖民地，反而还在哈利法克斯优哉游哉地炫耀，以致殖民地人民遭受了敌人的袭击，乔治堡也拱手他人。此外，他还以不使粮草落入敌人之手为由，长期禁止粮食出口，但其实是为了压低粮食价格好让承包商从中获利，虽然只是猜疑，但据说他也从中分得了一杯羹。这种行为扰乱了我们的商业运作，让我们的贸易陷入了困境。最后等禁运令终于解除时，又因忘记通知查尔斯顿这一消息，导致卡罗来纳舰队白白多待了3个月，结果船底由于虫蛀造成了严重损坏，以致大量船只在回程途中沉入海底。

对于不谙军事的人来说，统率大军必定是沉重的负担，因此我相信谢利先生从中解脱出来时，他自己肯定是由衷地感到高兴。我参加了劳登勋爵上任时纽约市为其举办的宴会，谢利那时虽已卸任，但也出席了宴会。当时有许多官员、市民以及外来人士参加，便从邻里借了些椅子，其中有把椅子非常低矮，恰巧就分配给了谢利先生。我坐在他旁边，察觉到这一点，便说："先生，他们给您的座椅太矮了。"他说："没关系，富兰克林先生，我觉得位置低才更轻松呢。"

如我之前所说，滞留在纽约的时候，我收到了为布雷多克将军采购补给的所有账单，之前的时候，其中有些账单还来不及从协办此事的雇员手中拿来。如今账单拿齐了，我便把这些账单交给劳登勋爵，请他支付余款。他让负责此事的官员按照规定加以核查。官员对比了每一笔款项和收据后，确认这些账单准确无误。劳登勋爵答应给我一张向军需官领取余款的汇票，但是他却一再拖延，哪怕我经常按照约定前去讨要，也一直没有拿到汇票。最后，在我动身离开前，他告诉我，经过谨慎考虑，决定不把自己的账目与前任将军的混在一起。他说："等你到了英国，只需把账单呈给财政部，他们马上就会把余款支付给你。"

我就说，由于我被迫滞留在纽约那么长时间，额外花了不少钱，所以现在就想拿到余款，然而，这番解释毫无效果。我接着说，我本是无偿为军队提供服务的，所以理应立即支付我垫付的款项，不应再给我添麻烦。"行了吧，先生，"他说，"你该不会想让我们相信你没有从中渔利吧？这些事情我们清楚得很，哪个为军队采购给养的人不想办法中饱私囊呢？"我向他保证我绝对没有这么做，没有从中获取一分钱的好处，但他显然不相信我说的话。后来我了解到，确实有人常从这类差事中大发横财。至于欠我的余款，我至今也没拿到。此事以后我还会提到。

在我们起航之前，船长曾夸耀自己的船速非常快。不幸的是，等我们到了海上，才发现这艘船竟然是96艘帆船中最慢的，这让船长实在难堪。关于船速迟缓的原因，船长做了许多猜测。后来，附近一艘几乎和我们一样慢的船，竟然也超到了我们前面。这时，船长下令让所有人去船尾，尽可能地站在船尾旗杆的附近。连同乘客在内，我们大约有40人。等我们全部站在船尾时，船的航行速度就变快了，很快就把相邻的那条船远远地甩在了后面。如此便证实了船长的猜测是正确的：船头的负荷太重了。原来，几乎所有装满水的水桶都放在了船头，于是船长下令把这些东西移到了船尾后，我们的船就恢复了该有的速度，证明了自己的确是舰队中遥遥领先的那艘。

船长说这艘船的速度曾经达到 13 节，也就是每小时 13 英里。我们有一位名叫肯尼迪的乘客，是海军的船长。他辩驳说这是不可能的，没有船能行驶那么快，肯定是测速绳的分度有误，或是抛投测速木时出了差错。于是两个船长打了个赌，等风力足够的时候再决胜负。肯尼迪于是仔细检查了测速绳，检查无误后，他决定到时亲自抛投测速木。几天之后刮起了强劲的顺风，邮船船长勒特威奇（Lutwidge）说他肯定船速已达 13 节了，肯尼迪进行了测量，结果承认他输了。

我提到上面的事情，是为了说明以下观点：据说造船技术有个缺陷，那就是新船好不好，只有下水之后才知道。因此，哪怕是以一条好船为模型而严格仿制出的新船，也可能在试航时发现其船速非常迟缓。我想，也许有一部分原因是因为船员们在装载货物、配备船具及驾驶方式上各有不同，每个人都有自己的一套方法。即便是同一艘船，按照不同船长的指挥来装货，航行速度也会有快有慢；此外，建造船只、装配船具、驾船出航的几乎不会是同一个人。一人建造船体，另一人配备船具，还有一人装载货物、驾船航行，此中无人能了解其他人的所有想法和经验，因而也就无法从整体考量，得出最恰当的结论。

即使是航海时的简单操作，也是这个道理。我时常发现，即便风力风向并无变化，轮值的船员们也会做出不同的判断，船帆转动的角度或大或小，似乎没有统一的规则可循。但我认为，不妨做一套实验来加以总结得出规律。首先是要找到最适合快速航行的船体形状；其次是确定桅杆的最佳尺寸和最适宜的安装位置；然后再来确定船帆的形状和数量，及其在不同风向下的位置；最后则是确定装货的方式。现在是一个实验的时代，我认为做这样一套综合性的精准实验是大有益处的。我相信不久的将来会有一些才华出众的科学家着手此事，我预祝他们获得成功。

在航行途中，我们好几次被敌人追赶，不过我们比那些船驶得快，每一次都逃脱了，不到30天我们就驶入了近岸水域。经过仔细观察，船长判定我们已经临近法尔茅斯（Falmouth）港，如果夜里急行，或许第二天早晨就能到达港口的入口了，而且夜航还能避开敌方那些经常在海峡入口附近巡弋的私掠船。于是我们尽可能地挂起了所有的帆，那天风力很强，我们顺风而行，快速前进。船长依据他的观测，调整了航行路线，认为这样便能远远避开锡利群岛（Scilly Isles）。然而，圣乔治（St.Gerge's Channel）海峡有时似乎会涌起一股强劲的入海流，常常误导海员，曾经就导致过克劳兹利·肖维尔（Cloudesley Shovel）爵士的舰队覆没海底。也许，就是这股海流导致了我们接下来的遭遇。

我们在船头安排了一名瞭望，不时有人朝他喊道："仔细注意前方。"他总是回答："明白！明白！"但那时他可能正闭着眼睛打瞌睡；他们的回答有时也像人们说的那样，不过是机械式的敷衍而已，因为他甚至没有看见我们正前方亮着的灯光，灯光被副帆遮得严严实实，所以舵手和其他瞭望都没看见。直到船身偶然一偏，人们这才发现了灯光，随即便引起了巨大的恐慌，因为我们那时距灯光已经非常近了，我觉得它看起来有车轮那么大。当时正值午夜，我们的船长还在酣睡。不过，肯尼迪船长跳上了甲板，看到眼前的危险，立即命令船头转向，当时没有时间降下船帆，这么做很可能会损坏桅杆，但也正是此举让我们幸免于难，因为此刻我们已在朝着装有灯塔的礁石驶去。这次脱险让我深刻意识到了灯塔的作用，也因此决定如果此番能活着回到美洲的话，我一定要提倡在美洲修建更多的灯塔。

翌日清晨，我们通过测量发现，船已经靠近港口了。不过当时浓雾弥漫，我们看不到陆地。大约到了9点，大雾才开始散去，雾气就像戏院里的幕布那样，从水面上升了起来，露出了下面的法尔茅斯港、港口里的船舶以及周围的田野。这对长时间除了茫茫大海别无所见的人来说，简直是一幅赏心悦目的景象！更让我们欣喜的是，我们终于摆脱了战争阴云所带来的焦虑情绪。

我们父子俩立即出发前往伦敦，途中仅稍作停留，去参观了索尔兹伯里平原（Salisbury Plain）

的巨石阵、彭布罗克（Pembroke）勋爵在威尔顿（Wilton）的公馆、花园，还观赏了他的珍奇古玩。我们于1757年7月27日抵达了伦敦。

查尔斯（Charles）先生为我安排好了住处。我刚安顿下来就立刻去拜访了福瑟吉尔博士，因为有人曾向他大力举荐过我，也有人建议我去请教他关于诉讼的问题。他反对直接向政府控诉，认为应该先私下跟领主们商量商量，在朋友的好言相劝下，领主们或许愿意友好调解此事。于是我拜访了经常与之书信往来的故交彼得·柯林森先生。他告诉我弗吉尼亚的巨贾约翰·汉伯里（John Hanbury）先生让他在我到达后立刻通知他，这样他就能带我去拜访时任咨议会会长的格兰维尔（Glanville）勋爵，勋爵也希望能尽快与我会面。我同意第二天上午与汉伯里先生同去拜访。第二天，汉伯里先生来接我，带我坐上了他的马车去见那位贵族。格兰维尔勋爵待我谦恭有礼，向我询问了一些关于美洲的现状，就此谈论一番之后，他对我说道："你们美洲人对你们的政治体制有一些错误的认识，你们声称国王下达给总督们的指令不是法律，认为遵照与否可以由你们自行决定。但这些指令可不同于给出国公使规范礼仪用的袖珍指南，这些指令先是由深谙法律知识的法官起草，然后交由咨议会审议、辩论，或许还要进行修改，最后再由国王签署下达。所以，这些指令对你们而言就是国法，因为国王是殖民地的立法者。"我告诉勋爵，这种观点我闻所未闻。根据我们的特许状，我一直认为，我们的法律由我们的议会制定，然后呈报国王御准，而一经批准，国王就再无权对其进行废止或修改。正如议会没有国王的批准不得制定永久性法律一样，国王未经议会的同意也不能私自为议会立法。他认为我这想法简直是大错特错，但我却不这么认为。与勋爵的这番谈话，让我有些担心王室对我们的看法，所以我一回到住处，就把这次谈话记录了下来。我想起大约在20年前，内阁曾向议会提议，要将国王的指示确定为殖民地的法律，众议院否决了这一条款，当时我们还因此尊敬他们，把他们当作我们自由的朋友。直到1765年，他们对我们的所作所为才让我们意识到，他们之所以拒绝将这份权力交给国王，仅仅是因为他们想自己保留这份权力。

几天之后，经福瑟吉尔博士和领主们沟通，他们同意在托马斯·佩恩先生位于春园的府中接见我。交谈之初，双方都声称愿意寻求合理的解决办法。不过，我估计大家对"合理"一词各执己见。接着我们就开始讨论我所罗列出的几个投诉要点。领主们尽其所能地为自己的行为辩护，我也为议会的行为做出解释。这时大家才发现彼此的观点相去甚远，几乎没有达成和解的可能。不过，我们最后还是商定，让我提交一份包含我们的投诉要点的书面文件，他们答应到时再行考虑。我很快就写好了文件，但领主们却把那份文件交到了他们的律师费迪南德·约翰·帕里斯（Ferdinand John Paris）手中。他们与邻近的马里兰殖民地领主巴尔的摩（Baltimore）勋爵的大诉讼案，就是由此人打理其中的一切法律事务，这个案子持续了70年之久。此外，他们与议会争论的所有文件和咨文也都由他代笔。这名律师生性傲慢，脾气暴躁，我过去在议会的复文中曾严厉地抨击过他那些论据不足、措辞傲慢的文章,因此他对我怀恨在心,每次见面我都能感觉到他的敌意。领主们提出让我和他单独讨论投诉的事宜,我对此表示了回绝,除了领主本人外,我拒绝与任何人交涉此事。之后,领主们根据帕里斯的建议,将我的投诉材料交给了检察总长和副检察长,咨询他们对此事的看法及建议。这些材料在那儿一放就是一年(只差了8天),此间我多次要求领主们给我答复,他们却只是说还没有收到检察总长及副检察长的意见。我不清楚他们最后到底收到了怎样的回复,因为他们从未与我沟通此事,只是给议会寄去了一封帕里斯起草签署的长信,其中引用了我写的材料,指责我措辞不当,粗鲁无礼,还强词夺理地为他们的行为做了一番辩解。最后还说,如果议会派出坦率真诚的人来与他们谈判的话,他们愿意进行和解,以此暗指我并非坦诚之士。

他们所谓的措辞不当或粗鲁无礼,可能是因为我在文件中没有以"宾夕法尼亚真正、绝对的领主们"这样冠冕堂皇的名号称呼他们。我之所以没有这样写，是因为我觉得在那份材料中没有这个必要，毕竟这份材料只是把我在谈话中口头说过的内容写成书面形式而已。

不过在被耽搁的这一年里，议会已经说服丹尼总督通过了一项领主财产需和平民财产同样征税的法案。这正是我们争执的一大重点，因此议会也就没有回复那份咨文。

不过这份法案送到英国时，领主们在帕里斯的建议下，下定决心不让国王批准。于是，他们在咨议会向国王请愿对此进行审理，领主们聘请了两位律师来反对该法案，我也聘请了两位律师来予以支持。他们辩称这项法案意在加重领主们的田产赋税，如此便可减轻平民百姓的负担；如果仍要强制实行该法案的话，领主们就只好任凭反感他们的那些人划定交税比重，届时他们必然会因此破产。我们反驳说，这项法案并没有这样的意图，更不会造成这样的结果。估税员都是诚实审慎之人，立誓会公平公正地估税，即便增加了领主的税款，每个平民因此少纳的税也微乎其微，他们不至于为此而违背自己的誓言。这就是我所记得的双方陈词的要旨。此外,我们还强调,该法案一旦废除必然会导致严重的后果。因为我们已经印制了10万英镑的纸币并交由国王使用,这些钱在为国王效劳中花掉了,正在民间流通;法案一旦废除,百姓手中这些纸币就会变成废纸,许多人都会因此破产,还会给将来的拨款带来严重的阻碍。我们义正词严地强调,领主们的自私自利将会带来一场浩劫,而其原因仅仅是因为他们毫无根据地担心自己财产会被征收过重的捐税。至此,咨议会的一位成员曼斯菲尔德(Mansfield)勋爵趁着律师们辩论时站了起来,朝我招手示意,把我带进了秘书室,问我是否真的认为执行这一法案不会损害领主的田产。我对此表示肯定。他说,"那么你应该不会拒绝对此立约担保吧?"我回答道:"完全不会。"接着他又把帕里斯叫了进来,经过一番讨论过后,双方都接受了勋爵的提议。咨议会的秘书为此起草了一份协议。查尔斯先生也是宾夕法尼亚地区的日常事务代理,我和他共同签订了这份协议。之后曼斯菲尔德勋爵回到了咨议会会议室。最终该法案获得了通过，不过，后来有人提出了一些修改意见，我们也承诺将这些修改意见附在随后的条文里。但议会觉得不必如此，因为在咨议会的命令抵达之前，本地区已按照该法案征收了一年的税款，议会此时指定了一个委员会检查估税员的工作，还在该委员会里安排了好几位领主的密友。经过详细全面的调查之后，委员们签署了一项报告，一致确认估税工作是完全公正的。

议会调查了我所签订的协议的第一部分，认为这是对宾夕法尼亚做出的巨大贡献，因为它保障了当时流通于整个地区的纸币的信誉。在我回来之后，他们向我正式表达了谢意。不过领主们因为丹尼总督通过了这项法案而大发雷霆，不仅罢免了他的职位，还威胁要起诉他，因为他违抗了自己立约要遵守的指令。然而，丹尼总督是奉了将军的指令通过法案的，目的又在于为国王效忠，再加上他在英国政府里拥有一定的势力，因此对这些威胁毫不在意，后来这事儿也就不了了之了。

附录一
朋友力邀其续写自传的信

自传前4章是按照开篇所述的目的所写,因此其中包含一些对他人无关紧要的家庭琐事。多年以后,我遵从以下信件里的劝告,为广大公众续写了下文。革命事务造成了我写作的中断。

埃布尔·詹姆斯(Abel James)先生[1]的来信,附我的自传笔记(收于巴黎)。

我敬爱的朋友:

我多次想要给您写信,但生怕信件落入英国人之手,又担心某些印刷商或者好事之徒断

---

[1] 根据记载:富兰克林出使法国时,把一小箱子文稿交给他的一位朋友保存,几经周折后文稿交到了埃布尔·詹姆斯手中。——译者注

章取义地公开信件的内容，既给您造成痛苦，又给自己招来责难，所以迟迟没有动笔。

不久前，我偶然得到了您的亲笔手稿，约23页，欣喜万分。这是您写给儿子的札记，其中详述了您的家世以及生平，一直写到了1730年。还有一些笔记，同样也是您的手笔。我把笔记誊写了一份，随函奉上。如果您往后续写到最近时段，这一部分可以与后续内容接续起来。如果您尚未续写，我希望您切莫耽搁。正如牧师所言，世事无常。您的这部作品使人获益良多且饶有趣味，这不仅仅是对少数人而言，对万千大众来说也是如此。倘若宅心仁厚、乐善好施的本杰明·富兰克林未能给他的朋友们和这个世界留下这部作品，该是怎样的令人痛惜啊！这类作品会给年轻人的思想带来非常深远的影响，这种影响在任何地方都没有像在您（我们的公共友人）的札记中那么显而易见。它几乎潜移默化地引领着年轻人坚定决心、努力成为与札记作者一般优秀杰出的人物。倘若有朝一日您出版了这部作品

（我对此深信不疑），如果能激励年轻人学习您早年时的勤勉与节制，那么它对于他们来说将是何等幸事！在这方面，当今无人可与您媲美，即使集合众人，也无法拥有像您那么大的力量，能够激励美国年轻一代努力奋斗，养成及早敬业、崇尚勤俭、节制欲望的良好品德。我绝非否认这部作品的其他价值与用途，只是认为其在这一方面的重要性是首屈一指、无与伦比的！

埃布尔·詹姆斯

我将上面这封信以及随信所附的生平事迹拿给一个朋友过目，后来收到了如下回信。

本杰明·沃恩（Benjamin Vaughan）[①]来信1783年1月31日，写于巴黎。

最亲爱的先生：

您的贵格会朋友为您找回了记载着您生平

[①] 本杰明·沃恩（1751—1835），英国驻法外交官，同情美国革命，与富兰克林建立了深厚友谊；1779年，他编辑出版了第一部《富兰克林选集》。——译者注

大事的手稿，而我在拜读之后就曾说过会给您写一封信，阐明为何我认为您如他所愿的那样完成并出版这部作品将是一件益民利众的大事。我前段时间因各种事务缠身，无暇顾及写信，而且我也不知这封信是否值得寄予任何期望。此刻我恰巧有空，就提笔写了。至少，写这封信可以给自己增添些乐趣并让自己有所领悟。我惯用的措辞可能会冒犯到您这样有教养的人，因此我将告诉您我会如何给像您一般善良、伟大，但却没有您这般谦逊的人写这封信。我会对他说：先生，我恳请您撰写自传，理由如下：您的一生如此卓越非凡，就算您不撰写自传，也一定会有人来为您编写。那么，与其任由他人代笔而带来负面影响，还不如您自己提笔写就。而且您还能通过撰写自传来介绍自己国家的民情，这一定会吸引具有高尚品德和刚毅性情的人们来此定居。加之他们对此类信息的迫切需求，而您又享有如此崇高的声誉，我想，您的自传一定会成为吸引他们前来的最好宣传。

您的人生经历与这个民族的风土人情息息相关。从这个角度来看,对于真正研究人类社会的人而言,我认为您的自传的重要性绝不亚于凯撒(Caesar)和塔西佗(Tacitus)的著作。然而,先生,我认为您写自传还有一个更为重要的原因——您的人生经历也许能促就某些人将来成为伟人。您的自传将与您计划出版的《美德的艺术》合力提升人们的修养,进而增益社会与家庭的幸福。先生,我提及的这两部作品,尤其能为自我教育提供一种崇高范例。学校与其他一些教育形式往往基于错误的原则,复杂难懂的教学方式也容易使目标错位。而您的方法简单明了,且目标真实正确。当那些为人父母者和年轻人因找不到正确的方法而感到彷徨失措,不知该如何面对和规划未来的人生道路时,您的人生经历却能让他们知道"事在人为,有努力就有收获",这是多么宝贵的思想!一个人的品格若是到了晚年才受到熏陶,既来之过晚,也效果甚微。我们在青年时期形成了影响一生的习惯与好恶，也同样是在青年时期选择职业、确定理想、寻得伴侣。因此，青年时期是人生的转折点。人们甚至在这一时期就形成了对下一代的教育观念。青年时期决定了一个人的公共道德和个人修养。人的一生也不过就是从青年到老年，因此一个良好的开端对于青年时期至关重要，尤其是在我们确定人生的主要目标之前。您的自传不仅教导人们如何进行自我教育，更是教导人们如何成为贤明之士。而在看到其他贤者的言行举止之后，即使是最为贤能的人也能从中受到启迪，进一步自我完善。人类从远古时期就一直在暗中摸索，毫无指引。而如今既有了这个因缘际会，您又何不给那些弱者提供帮助、指明方向呢？所以，先生，请将您的经历不分老幼地讲给所有人听吧，让普通人得以成为智者，让智者成为像您一样的伟人。我们看到政客和军人对平民百姓是何等的残忍，也看到某些杰出人士是如何逆情悖理地对待朋友，因此，当我们从您的自传中看到日益深厚的平和顺从、温厚善良，看到您集伟大与高尚的美德于一身，看到您既让人羡慕又使人觉得风趣时，这对我们而言是莫大的启示。

在叙述中您也必然会提到私人琐事，这些也将对我们大有裨益，因为我们最想了解的便是日常事务中的明智处世之道。人们都很好奇，都想知道您是如何应对类似事情的。您的自传将成为开启生活之门的钥匙，向人们解说那些早该明白的道理，使他们有机会成为具有远见卓识的人。最接近切身体验的，莫过于把他人的经历，生动有趣地摆在我们面前。您的笔调写出的自传必定趣味盎然。我们对待事务的处理方式，无论简单还是重要，都能引起人们的注意，那我深信，您处理这些事务的方法，也是别出心裁，就像您在政治或科学讨论中展现的那样出色。生命如此重要，但差错又在所难免，所以，还有什么比人生更值得体验并加以反思总结的呢？

有些人盲目善良，有些人异想天开，还有

些人精明算计。不过我相信您所写的，是睿智、实用却又不失善良的人生。如果我为您编写传记，我不仅会介绍您的品格，还会介绍您的生平，因为您的自传表明了您不以自己没有高贵的出身为耻。这件事尤为重要，因为您的经历证明了：一个人的幸福、美德和成就与他的出身没有必然关联。要想实现目标，必得有具体的方法，所以我们发现您也为自己拟订了计划，并遵循着这个计划最终成为具有重要影响力的人物；同时我们也发现，虽然您取得的成就是如此的辉煌，可您的方法却是再简单不过了，那就是顺应天性、恪守道德、勤于思考以及养成习惯。除此之外，您的自传还将证明，每个人都应静待花开，我们的感官往往只局限于当前，却忽略了长远的将来，因此，人应该合理地规划自己的行为，以适应整个人生。您的天性似乎也影响了您的生活，往昔时光总是充满了知足与快乐，没有因为曾经的急躁或遗憾而感到痛苦。伟人往往善于忍耐，因此那些学习真正的伟人从而树立德行、成就自我的人，是倾向于以此方式来看待过去的。先生（在此我要再次假设这信中诉说的对象是富兰克林博士），您的那位贵格会教友盛赞您的俭省、勤奋和节制，认为所有年轻人都应学习这些品质。但奇怪的是，他竟没有提及您的谦逊以及公正无私。如果不是这些品德，您绝对无法耐心地等到成功的机会，也不会在身处逆境时仍能泰然处之。这对于证明荣誉的空泛和自持的重要性来说，是又一力证。如果您的这位朋友像我一样了解您为何享有如此崇高的声誉的话，他就会说，您以前写过的文章和起草的提案会使得人们关注您的自传和您所写的《美德的艺术》；反之，您的自传和《美德的艺术》又将促使人们更加关注您曾经写过的文章和起草的提案。这是具有多重优秀品格之人享有的优势，这些优秀的品格能合力发挥更大的作用。因此，您的自传将更富价值，因为较之那些没有时间或者没有意愿提升自我的人来说，更多的是不知如何提升自己的思维和品格的人。最后，关于您自传的用途我还有一个想法。自传这种体裁似乎有点过时，不过却很有价值。因为您的自传可与社会上那些暴徒、阴谋家、荒诞的苦行僧、自以为是的无聊文人的自传形成对比，从而反衬出那些无能之辈的品行是多么不可取。倘若您的自传能激励更多您这样的伟人写下此类作品，并且引领着众人按照这样的处事方法度过此生，那么其价值将可与《希腊罗马名人传》全卷比肩。然而，我不停地在脑海中描绘这么一种性格，其中的特点都只适合这世上的某一个人，可我又不能赞扬他，对此，我有点厌倦了。所以，亲爱的富兰克林博士，在结束这封信之前，我诚挚地向您提出一个私人请求：我亲爱的先生，我恳请您让世人了解您真正的品格，别让政治斗争掩盖或诋毁了它。

考虑到您年事已高，生性谨慎，又有着独特的思维方式，恐怕除了您本人以外，再无人能够充分了解您的人生经历与内在动因。此外，当前的革命浪潮必然将我们的注意力转向革命的倡导者。既然革命号称是为了宣扬某些道德正义，那么指出这些道义是如何真正地影响了革命的，就变得非常重要了。并且，在自传中，您的品格将成为人们审视的焦点，鉴于这对您的国家乃至对英国和欧洲的影响，您的品行也应该是值得尊敬且流芳百世的，切不可任人歪曲诋毁。我向来主张，要促进人类幸福，就有必要证明即使是在战争频发的今天，人类也不是狠毒可憎的生物，而且还更需证明良好的自我管理能使人日趋完善。差不多出于同样的原因，我渴望人们接受这样的观点：人类社会中还是存在着个别品德高尚者的，假如所有人都已无可救药，这些善良的人也将会放弃那看似毫无希望的努力，或许只想在人世间的纷争中求得自保，或仅仅只是为了活得自在。亲爱的先生，赶紧动笔吧！向世界呈现出您表里如一的仁爱温和吧！最重要的是告诉世人，您是一个从小热爱正义、自由，以及和谐的人，且在过去17年里,您也一直自然而然地如此行事。让英国人不仅要尊敬您,还要爱戴您。当他们尊敬贵国的某个个体时,就会逐渐尊重贵国本身。当您的同胞发现自己受到英国人尊重时,也就会逐渐尊重英国。甚至不如将目光放长远一些,不要仅限于说英语的人民。您既已解决了自然和政治领域的诸多问题,那么,现在请考虑促进全人类的进步吧!我只认识自传的作者,没有读过自传,因而有些话写得有些冒失。不过我确信,您的自传以及《美德的艺术》必然会满足我的期望。假如您能采纳以上意见,那就更好了。即使您的自传不能满足一个满怀希望的仰慕者的期待,至少您也写出了人们十分感兴趣的作品。生命本有太多的痛苦和焦虑,若是有人能带来快乐,那么生命就多添一些美好。亲爱的先生,希望您能听取我在信中发出的恳求,希望您能够赞同我的观点。

本杰明·沃恩

附录二
富兰克林年表

这本自传完结于1757年,遗憾的是,仍有一些重要的事情未能记录其中。因此,有必要从头列举富兰克林生平的主要事件,如下:

1706 年	出生于波士顿,在老南教堂受洗。
1714 年	8岁,入读文法学校。
1716 年	在父亲的烛皂店帮忙。
1718 年	做哥哥詹姆斯的学徒,学做印刷。
1721 年	创作民谣,且印刷出来在街头贩卖;匿名为《新英格兰报》撰稿,并临时担任了该报的编辑;成为一个自由思考者和素食主义者。

1723年	违背与哥哥的师徒契约,搬至费城;在凯默印刷所工作;放弃素食主义。
1724年	听信了基思总督劝其创业的话,并因此前往伦敦购买打字机;在伦敦从事印刷业,并出版了《论自由与必要、快乐与痛苦》。
1726年	返回费城;在一家干货店担任店员;后成为凯默印刷所的经理。
1727年	创立"共读社",又称"皮围裙"俱乐部。
1728年	与休·梅雷迪斯合伙经营印刷店。
1729年	成为《宾夕法尼亚公报》的所有者和编辑;匿名出版《纸币的性质和必要性》;开了一家文具店。
1730年	与丽贝卡·里德结婚。
1731年	创立费城图书馆。
1732年	以"理查德·桑德斯"的笔名出版了第一本《穷人理查德年鉴》,此后又继续创作出版25年之久。该书饱含他的智慧,收录了各国名言,有力地团结了当时不同种族、背景各异的美洲人,也在国人性格塑造方面起到了很大作用。
1736年	当选为区议会书记员;成立费城联合消防队。
1737年	当选为议会成员;当任邮政总局副局长;计划组建城市治安队。

1738 年	开始学习法语、意大利语、西班牙语和拉丁语。
1742 年	发明了开放式壁炉,或称"富兰克林炉"。
1743 年	计划成立学院,该计划于1749年通过,为如今宾夕法尼亚大学的前身。
1744 年	成立美洲哲学学会。
1746 年	发表了手册《明白的真相》,意在说明建立防御系统的必要性,就此成立了民兵组织;开始电学实验。
1748 年	外包印刷业务;获任和平委员会委员,被选入市咨议会,而后又就职于议会。
1749 年	被任命为专员与印第安人进行交涉。
1751 年	协助创办了一家医院。
1752 年	通过风筝实验发现闪电是一种放电现象。
1753 年	被授予科普利奖章,并入选为皇家学会成员;获耶鲁大学和哈佛大学硕士学位。担任联合邮政总局局长。
1754 年	以宾夕法尼亚专员身份参加于奥尔巴尼召开的殖民地会议;提出殖民地联合计划。
1755 年	抵押个人财产,为布雷多克将军的军队筹集物资;从议会获得了资助皇冠角远征队的补助金;促使建立志愿民兵组织法案得以通过;被任命为上校,并接管战场。

1757年	向议会提出了在费城铺设街道的法案；出版了著名的《财富之路》；前往英国，为议会反对领主的事务获得援助；继续担任宾夕法尼亚的代理人；与英国科学家和文学家建立了深厚的友谊。 [以上为自传所述]
1760年	经过妥协后，促使枢密院决定，要求领主个人地产也需对公共财政收入做出贡献。
1762年	获牛津大学及爱丁堡大学法学博士学位；返回美洲。
1763年	在北方殖民地进行了为期5个月的邮局视察工作。
1764年	在议会重新选举中，败于宾夕法尼亚派系；以宾夕法尼亚代理人身份被派往英国。
1765年	努力阻止《印花税法》通过。
1766年	在众议院就《印花税法》的通过接受质询；被任命为马萨诸塞、新泽西和乔治亚的代理人；访问哥廷根大学。
1767年	在法国旅行，并在法国宫廷亮相。
1769年	为哈佛大学购买望远镜。
1772年	当选法兰西学院副院长。
1774年	卸任邮政总局局长一职；托马斯·潘恩（Thomas Paine）受其影响移民美国。

附录二 富兰克林年表　297

1775年	返回美洲；被选为第二届大陆会议代表；被任命为秘密通信委员会成员；被任命为赴加拿大争取合作的专员之一。
1776年	被任命为《独立宣言》起草委员会成员；当选宾夕法尼亚宪法委员会主席；作为殖民地代表前往法国。
1778年	缔结了防御联盟、友好通商条约，并将该条约呈交法庭，使之正式生效。
1779年	当任驻法全权公使。
1780年	任命保罗·琼斯（Paul Jones）为"殖民地联盟"指挥官。
1782年	签署初步和平条款。
1783年	正式签署和平条约。
1785年	返回美国；当选为宾夕法尼亚州州长；次年继任。
1787年	再次当选为州长；被派作代表参加联邦宪法制定大会。
1788年	结束政治生涯。
1790年	4月17日离世，葬于费城第五街与拱门街交叉口的教堂墓地。

附录三
译者后记

西汉著名文学家与历史学家曾言:"书犹药也,善读之可以医愚。"品读一本好书就像是与智者对话,能够增长智慧、开阔视野,提升素养。《富兰克林自传》(以下简称《自传》)便是这样一部好书,不仅是十分珍贵的历史文献,也是优秀的文学作品,被誉为美国历史上最具影响力、最为著名的自传。我们可以从《自传》中对其印刷工经历的细致描述中管窥印刷对富兰克林一生的影响。《自传》生动详尽地记述了富兰克林的成长历程,他从事的发明创造,以及他为研究文学、道德、政治、科学等做出的努力与思考。

自1791年在巴黎出版法文版和1793年在伦敦

出版英文版以来，《自传》被翻译为多种文字出版，其中，中文版不下二十种。我们不揣浅陋地重新翻译了这部《自传》，希望能给读者朋友带来有益的精神食粮和人生启迪。《自传》的写作风格朴实，语言简洁生动，诙谐幽默，在译文中，我们尽量保持了简洁的文风与用词，以叙事的口吻进行讲述。关于《自传》涉及的真人真事，我们在翻译过程中进行了较为细致的查证，确保译文精准，并补充了简要注释帮助读者理解背景信息。关于人名和地名，我们主要遵照惯用译法，并参考了中国对外翻译出版公司出版的《世界人名翻译大辞典》和《世界地名翻译大辞典》等辞典。

感谢出版社的信任与支持，感谢编辑的专业细致，使这部译作得以精益求精，优雅呈现。然而，由于我们的时间和能力所限，译文中仍难免存在疏漏不足，恳请读者不吝赐教，批评指正。

周 杰

2023 年 11 月